Inhaltsverzeichnis

Vorwort **2**

Vorbemerkungen und Arbeitshinweise **3**

Bildungsbereiche:

- Sprachliche Bildung 9
- Musikalische Bildung 16
- Ästhetische Erziehung 25
- Umwelt-, Sach- und Naturbegegnung 33
- Gesundheit und Ernährung 40
- Mathematische Bildung 46
- Feste und Feiern 50
- Wahrnehmung und Entspannung 55
- Körpererfahrung und Bewegung 61
- Sozialerfahrungen 70

Vorwort

Liebe Erzieher*innen,

welches Bild haben Sie vor Augen, wenn Sie an einen Wald denken? Die farbenfrohen Bäume eines Herbstwaldes? Einen tief verschneiten Winterwald? Rehe auf einer Waldlichtung? Oder denken Sie vielleicht an die frische und kühle Luft im Wald an einem heißen Sommertag?

Die persönlichen Erfahrungen und Empfindungen eines jeden Menschen im Wald sind sehr unterschiedlich und individuell. Auch Kinder machen ihre eigenen, ganz persönlichen Erfahrungen im Wald.

Diese Projektmappe greift viele Aspekte des Themas auf und macht sie für die Kinder erlebbar. Das Thema „Wald“ ist zeitlos und spricht zentrale Erfahrungs- und Erlebnisbereiche der Kinder an.
Viele Kindertageseinrichtungen haben erkannt, wie wichtig „hautnahe“ Naturerfahrungen für Kinder sind und gehen regelmäßig oder zumindest ab und zu mit Kindergruppen in den Wald oder in einen Park oder Ähnliches. Aber es gibt auch viele Einrichtungen, in denen Waldtage oder Waldprojekte nicht so einfach zu realisieren sind.

Diese Projektmappe möchte allen Erzieher*innen Lust machen, das Thema „Wald“ mit Kindern zu erleben. Dies kann in Form von Vertiefung der Wald-Erlebnisse stattfinden, aber auch als Vorbereitung auf ein Waldprojekt oder spezielle Waldtage.
Sie finden in dieser Projektmappe viele Vorschläge und Ideen zu allen Bildungsbereichen und für unterschiedliche Altersgruppen.

Auch wenn Sie in Ihrer Einrichtung nicht die Möglichkeit haben, mit den Kindern in den Wald zu gehen, bietet diese Projektmappe viele Möglichkeiten, sich mit dem Thema auseinanderzusetzen. Der Wald begegnet hier den Kindern auf unterschiedlichste Weise. Viele Angebote beflügeln die Fantasie der Kinder; so schlüpfen sie zum Beispiel in vielen Spielen in die Rollen von Waldtieren oder anderen geheimnisvollen Bewohnern des Waldes.

Die Angebote in dieser Projektmappe sind vollständig ausgearbeitet und erprobt, sodass sie ohne großen Zeitaufwand direkt in die Praxis umgesetzt werden können. Viele Seiten sind so gestaltet, dass sie für die praktische Arbeit kopiert werden können.

Die Erhaltung unsere Wälder ist wichtig für unsere Zukunft und die unserer Kinder, und was man kennt und liebt, ist man auch bereit zu schützen.

Dazu ein Gedicht von Eugen Roth:

„Zu fällen einen schönen Baum, braucht’s eine halbe Stunde kaum.
Zu wachsen, bis man ihn bewundert, braucht er, bedenk es,
ein Jahrhundert.“

Ich wünsche Ihnen und Ihren Kindern viel Freude mit den Inhalten dieser Projektmappe und dem Thema „Wald“ in Ihrer Einrichtung.

Ingrid Späth

Hinweis:
Aus Gründen der besseren Lesbarkeit wird im Folgenden auf eine sprachliche Differenzierung der Geschlechterbezeichnungen verzichtet. Da die Erzieher*innen in Kindertagesstätten zumeist weiblich sind, haben wir uns hier für die weibliche Form entschieden. Selbstverständlich sind stets alle Geschlechter angesprochen.

Vorbemerkungen und Arbeitshinweise

Zu den verwendeten Symbolen

Bildungsbereiche (jeweils das äußerste Symbol oben rechts auf den Arbeitsblättern):

 Sprachliche Bildung

 Musikalische Bildung

 Ästhetische Erziehung

 Umwelt-, Sach- und Naturbegegnung

 Gesundheit und Ernährung

 Mathematische Bildung

 Feste und Feiern

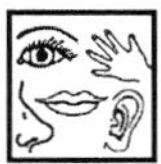 Wahrnehmung und Entspannung

 Körpererfahrung und Bewegung

 Sozialerfahrungen

Sonstige Symbole:

 geeignet für die Begabtenförderung

 für unter 3-Jährige geeignet

Layout:

- Die Seiten mit dem **Fuchs** im Layout unten rechts sind für die Erzieher*innen gedacht.

- Die Seiten mit dem **Eichhörnchen** unten rechts sind Arbeitsblätter, die direkt mit den Kindern bearbeitet werden können.

Wissenswertes zum Thema „Wald“

Der Wald gehört zu den kostbarsten Schätzen, die wir auf unserer Erde haben. Er ist für das ökologische Gleichgewicht von unschätzbarem Wert. Ihn zu schützen und Menschen dafür zu begeistern, ist eine wichtige Aufgabe, heute und in der Zukunft.
Wälder sind komplexe Ökosysteme – neben den Ozeanen haben sie den größten Einfluss auf das globale Klima. Sie dienen als Wasserspeicher und Sauerstoffspender.

Die unterschiedlichen Schichten des Waldes
Der Wald lässt sich in verschiedene Stockwerke unterteilen, deren Übergänge fließend sind.
Die unterste Schicht ist die Moos- oder Bodenschicht, in der Moose und Pilze wachsen. Hier leben viele Insekten, Spinnen, Reptilien und kleine Säugetiere, wie zum Beispiel Mäuse.
Darüber liegt die Krautschicht, die aus Blütenpflanzen, Gräsern und Farnen besteht.
Auf die Krautschicht folgt die Strauchschicht. In dieser wachsen unterschiedliche Sträucher, wie zum Beispiel Holunder, Hasel, Weißdorn etc. Haselmäuse, Zwergspitzmäuse, viele Vögel und Insekten leben hier.
In einer Höhe von ca. 5 m beginnt die oberste Schicht, die Baumschicht. Viele Vögel, wie zum Beispiel der Buntspecht, Meisen oder Raubvögel sind hier zu Hause, ebenso wie Eichhörnchen, Baummarder und viele Insekten.

Vorbemerkungen und Arbeitshinweise

Der natürliche Lebenskreislauf im Wald

Der Wald ist eine große Lebensgemeinschaft. Aus Nährstoffen, Wasser, Luft und der Energie der Sonne stellen die Pflanzen organische Stoffe her. Tiere saugen, nagen und knabbern an den Pflanzen, man nennt sie *Verbraucher.*

Die pflanzenfressenden Tiere werden von den Fleischfressern gejagt, auch diese sind Verbraucher.

Pflanzen produzieren, Tiere verbrauchen – und was passiert mit dem „Abfall“ im Wald? Kleintiere und Bakterien zersetzen alles, was zu Boden fällt. Dabei entsteht neuer Humus, neue Erde mit vielen Nährstoffen. Diese Nährstoffe im Boden werden wieder von den Pflanzen über die Wurzeln aufgenommen. Der natürliche Kreislauf des Lebens im Wald schließt sich.

Was ist der Unterschied zwischen einem Wald und einem Forst?

Der Wald ist heute meist kein wilder Urwald mehr, er ist ein Forst. Hier werden Bäume gefällt und gezielt angepflanzt, um Holz zu ernten. Dafür verantwortlich ist der Förster. Holz ist ein nachwachsender Rohstoff und viele Dinge unseres täglichen Lebens werden aus Holz hergestellt. Im naturnahen Forst leben viele verschiedene Pflanzen und Tiere, das ist gut für den Wald.

In vielen Ländern gibt es neben naturnahen und bewirtschafteten Wäldern auch Nationalparks, in denen der Mensch möglichst wenig eingreift, und in denen sich wieder eine natürliche Wildnis bzw. Urwälder entwickeln können.

Wozu brauchen wir den Wald?

Der Wald ist wichtig für die Umwelt, die Tiere und uns Menschen. Die Blätter filtern Schmutz und Schadstoffe aus der Luft, sie geben Feuchtigkeit an die Luft ab und produzieren Sauerstoff. Der Wald verbessert also die Luft.

Der Waldboden kann viel Wasser speichern und gibt es an das Grundwasser weiter. Die vielen Wurzeln der Bäume halten den Boden fest und helfen, Erdrutsche zu vermeiden.

Auch dient der Wald vielen Menschen als Erholungsraum; sie gehen in den Wald, um die Ruhe und gute Luft zu genießen.

Wichtige Hinweise zum Suchen von Wildkräutern und Wildbeeren

- Wenn Sie mit den Kindern Wildkräuter oder Wildbeeren suchen gehen, müssen Sie selbst sicher sein, welche Pflanzen essbar sind.
- Besprechen Sie vorher mit den Kindern genau, welche Kräuter oder Beeren Sie sammeln wollen. Wie heißen sie? Wie sehen sie aus? Kann man sie verwechseln?
- Die Kräuter und Beeren werden möglichst in offenen Körben gesammelt, damit kleine Tiere herauskriechen können – und auf keinen Fall in Plastiktüten!
- Es werden nur gesunde, junge und frische Kräuter und Beeren gesammelt.
- Die Kinder sammeln möglichst an mehreren Stellen wenige Pflanzen und nicht viele an einer Stelle. (damit das Nachwachsen gesichert ist).
- Es werden nur so viele Kräuter und Beeren gesammelt, wie tatsächlich zum Kochen benötigt werden.
- Beim Sammeln sollte darauf geachtet werden, dass möglichst keine Pflanzen oder kleinen Tiere zertreten werden.
- Beeren sollten möglichst nicht in Bodennähe gepflückt werden (Gefahr des Fuchsbandwurms). Aus diesem Grund sollen die Kinder die Beeren nicht schon im Wald essen, sondern erst zu Hause, entweder gut gewaschen oder noch besser erhitzt. (Der Erreger des Fuchsbandwurms wird erst ab 60 °C sicher abgetötet.)
- Wildkräuter und Wildbeeren dürfen nicht in der Nähe von stark befahrenen Straßen, Feldern, die mit Pestiziden behandelt werden, oder Industriegebieten oder Ähnlichem gepflückt werden.

Vorbemerkungen und Arbeitshinweise

Projekte – Waldtage oder Waldwochen

Was muss man bei einem Waldprojekt planen und bedenken?

- Der erste Schritt ist die Suche eines geeigneten Waldstücks (wichtig: Besitzer ausfindig machen und um Erlaubnis fragen).
- Wollen Sie im Wald ein Waldsofa, Waldtipi oder Ähnliches bauen? Auch hierzu sollte vorab der Besitzer ausfindig gemacht und seine Zustimmung eingeholt werden.
- Wie weit ist es zum Waldstück? Kann man den Weg mit Kindern zu Fuß gehen?
- Wenn der Weg zu weit ist: Können Sie einen Teil des Weges mit öffentlichen Verkehrsmitteln fahren?
- Brauchen Sie die Eltern, um Fahrgemeinschaften zu bilden?

Welche Ausrüstung brauchen die Kinder für den Wald?

- dem Wetter angepasste, robuste Kleidung und Schuhe
- einen gut sitzenden Rucksack mit Essen und Trinken (in einer bruchsicheren Flasche)
- eine Sitzunterlage, um auf dem Boden zu sitzen

Was sollten die Erzieherinnen mitnehmen?

- Erste-Hilfe-Set
- mindestens einen Liter Wasser
- Papiertaschentücher
- Handy
- einen Korb zum Sammeln von Naturmaterialien
- Becherlupen
- Naturbestimmungsbuch
- ein Seil und ausgewählte Materialien für Spiele im Wald

Wichtige Regeln im Wald (mit den Kindern besprechen!)

- mit den Kindern die Grenzen des Waldstückes besprechen, innerhalb derer sie sich bewegen dürfen (immer in Sichtweite der Erzieherinnen)
- vorsichtiger Umgang mit Pflanzen und Tieren (keine Tiere verletzen, keine Pflanzen abreißen, keine Beeren essen)
- beim Spiel mit Stöcken vorsichtig sein (auf Verletzungsgefahr hinweisen)
- Wenn Kinder auf einem liegenden Baumstamm balancieren möchten, muss die Erzieherin vorher unbedingt prüfen, ob der Baumstamm fest liegt und nicht wegrollen kann.

Planen Sie mit den Kindern ein Waldprojekt, ist es wichtig, die Eltern im Vorfeld über die pädagogische Bedeutung eines solchen Projektes und über die Dinge, die ihre Kinder für das Waldprojekt benötigen, rechtzeitig zu informieren.

Tipps und Anregungen zu den einzelnen Arbeitsblättern

Diese Projektmappe zum Thema „Wald“ ist nach verschiedenen Bildungsbereichen gegliedert. Die einzelnen Vorschläge berühren aber oft mehrere Bildungsbereiche gleichzeitig und greifen ineinander über.

Zum Umgang mit den Arbeitsblättern:

Diese Projektmappe enthält einige Arbeitsblätter, deren Aufgabenstellung Sie mit den Kindern in Kleingruppen besprechen (vorlesen) müssen. Für die Aufbewahrung der Arbeitsblätter empfehle ich, je nach Gruppensituation und organisatorischen Bedingungen, verschiedene Möglichkeiten:

- Ablagefächer (alternativ unifarben gestaltete Deckel von Kopierpapierkartons): Die Kinder haben so freien Zugriff auf die darin sortierten Arbeitsblätter und können ihre Aufgaben selbst auswählen.

Vorbemerkungen und Arbeitshinweise

- Jedes Kind verfügt über einen Schnellhefter, in den die Erzieherin regelmäßig nach Alter und Entwicklungsstand ausgewählte Arbeitsblätter (z. B. zwei Arbeitsblätter pro Woche) einheftet oder diese gemeinsam mit dem Kind aussucht. Die Kinder wählen die Zeit zur Bearbeitung entweder frei oder es gibt festgelegte Zeiten, innerhalb derer ein Kind seine Arbeitsblätter bearbeiten kann.
- Die fertiggestellten Arbeitsblätter werden im Schnellhefter oder in einer Sammelmappe / einem Sammelordner abgeheftet bzw. gehören als Anlage zur Bildungsdokumentation oder zum Portfolio.
- Es empfiehlt sich außerdem, einen (mit Geschenkpapier beklebten) Schuhkarton für andere gefertigte Objekte anzulegen.

Zu „Eddy, der kleine Wurzelzwerg", S. 9:
Die Geschichte wird vorgelesen oder mit selbst gebastelten Figuren erzählt (als Tischtheater). Die Kinder können die Geschichte auch nachspielen und selbst in die Rollen der Tiere und Wurzelzwerge schlüpfen. Anschließend können sie sich mit den Inhalten näher auseinandersetzen. Hierzu bieten sich unterschiedliche Fragen bzw. Ziele an:

- **Sprachförderung:** Die Geschichte endet mit einer Frage. Was für ein Tier könnte die Maus gejagt haben? Wie könnte die Geschichte weitergehen? Die Kinder erzählen die Geschichte weiter.
- **Schulung der Fantasie:** Wie sehen die Wurzelzwerge wohl aus? Die Kinder erzählen, wie sie sich die Wurzelzwerge vorstellen.
- **Sozialer Aspekt:** Warum darf die kleine Emily nicht mitspielen? Haben die Kinder selbst schon ähnliche Situationen erlebt?
- **Wissensvermittlung:** Auch kleine Lebewesen im Wald sind sehr wichtig für das ökologische Gleichgewicht. Welche Aufgaben übernehmen Käfer, Schnecken und Ameisen im Wald? (s. hierzu S. 4: „Der natürliche Lebenskreislauf im Wald")

Zu dem Bereich „Musikalische Bildung", ab S. 16:
Es gibt sehr viele volkstümliche Lieder zum Thema „Wald", wie zum Beispiel: „Kuckuck, Kuckuck, ruft's aus dem Wald", „Ein Männlein steht im Walde" (Es ist die Hagebutte gemeint, nicht der Fliegenpilz.), „Fuchs, du hast die Gans gestohlen", „Hänsel und Gretel verirrten sich im Wald", „Alle Vögel sind schon da", „Ein Jäger längs dem Weiher ging", „Häschen in der Grube", „Schmetterling, du kleines Ding", „Summ, summ, summ, Bienchen summ herum", „Erst kommt der Sonnenkäferpapa", „Es war einmal ein Schwammerling" und „Singt ein Vogel". Auch die Lieder „Der Specht ist jedem wohlbekannt" (Udo Lenze) und „Das Ameisen-Lied" (Matthias Meyer-Göllner u. Ines Rarisch) eignen sich gut für das Thema „Wald".

Zu „Rhythmische Spiele mit den Namen von Waldtieren", S. 17:
Solche rhythmischen Spiele können auch mit Pflanzen des Waldes gespielt werden.

Beispiele:

Einsilbig:	Baum, Ast, Blatt, Zweig, Moos, Farn
Zweisilbig:	Blume, Fichte, Gräser, Eicheln, Veilchen
Dreisilbig:	Bucheckern, Tannenbaum, Baumrinde, Sauerklee
Viersilbig:	Buschwindröschen, Storchenschnabel, Fichtenzapfen, Spitzwegerich

Die Kinder können sich auch selbst Wörter überlegen, diese sprechen, klatschen und dabei feststellen, wie viele Silben sie haben.

Allgemeine Information zu den Bastelarbeiten im Bereich „Ästhetische Erziehung", ab S. 25:
Fotografieren Sie die Materialzusammenstellung und jeden einzelnen Arbeitsschritt. Kleben Sie die entwickelten Fotos mit der Auflistung der Materialien bzw. mit der dazugehörigen schriftlichen Arbeitsanweisung auf DIN-A5-Karten, nummerieren Sie die Karten in der richtigen Reihenfolge und laminieren Sie diese. So erhalten Sie bebilderte Karten, die Ihre Kinder zum selbstständigen Arbeiten motivieren.

Vorbemerkungen und Arbeitshinweise

Zu Tischspiel: „Die Stockwerke des Waldes", S. 36/37:
Das große Bild zum Spiel kann zuerst angemalt, dann in die einzelnen Stockwerke zerschnitten und anschließend laminiert werden.
Dies können auch mehrere Kinder gemeinsam tun. Sie müssen dann besprechen, wer welchen Teil anmalt (welche Tiere und Pflanzen) und dies nacheinander tun.
Dies fördert das Sozialverhalten und die Kinder lernen, Absprachen zu treffen und sich daran zu halten.

Zu den Rezepten im Bereich „Gesundheit und Ernährung", ab S. 40:
Für viele Rezepte benötigen Sie frische Waldbeeren oder andere Zutaten aus dem Wald. Bitte beachten Sie beim Sammeln die Hinweise auf Seite 4. Zu vielen Rezepten finden Sie auf der Seite 45 Bilder mit den bei diesen Rezepten verwendeten Zutaten und Haushaltsgeräten sowie Pfeile, mit deren Hilfe Sie die Rezepte bei Bedarf als großes Plakat gestalten können. Vergrößern Sie dazu die benötigten Zeichnungen auf dem Kopierer. Mit den vorhandenen Bildern können Sie auch Bildrezepte auf einem DIN-A4-Blatt erstellen, für jedes Kind kopieren und in einem Schnellhefter sammeln. So erhalten die Kinder eine eigene Bild-Rezepte-Mappe.
Achtung: Bitte achten Sie bei allen Rezepten auf eventuelle Lebensmittelunverträglichkeiten der Kinder!

Zu „Brennnesselsuppe", S. 40:
Statt der Brennnesseln kann man auch gemischte Waldkräuter verwenden (z. B. junge Löwenzahnblätter, Giersch, Spitzwegerich, Bärlauch oder Schafgarbenblätter).

Zu „Rechnen mit Pilzen", S. 48/49:
Zur Eigenkontrolle für die Kinder können auf die Rückseite der Kärtchen verschiedene Symbole gezeichnet werden. Die Rechnung und die Lösung sollten dann das gleiche Symbol haben.

Zu dem Bereich „Feste und Feiern", ab S. 50:
Bei der Vorbereitung eines Festes ist es sinnvoll und praktisch, wenn Sie verschiedene Arbeitsgruppen bilden und die Kinder sich aussuchen können, in welcher Gruppe sie mitarbeiten möchten. Die einzelnen Gruppen sind für bestimmte Aufgaben verantwortlich, zum Beispiel für die Dekoration, die Kostüme, das Essen und Trinken, für einen Teil des Programms etc. Darüber hinaus sollten aber auch einige Dinge mit der ganzen Gruppe vorbereitet werden, zum Beispiel die Lieder, Gedichte, Spiele etc.

Zu „Ein Tannenbaumfest", S. 50/51:
Das Fest eignet sich auch gut dazu, die Großeltern in den Kindergarten einzuladen und ein Oma- und Opa-Fest daraus zu gestalten.
Die unter „Vorbereitungen" erwähnten Bienenwachsplatten können Sie bei einem Imker erhalten. Daraus lassen sich gut verschiedene Formen ausstechen. Außerdem können Sie diese auch zu Kerzen rollen. (Für diese benötigen Sie außerdem noch Dochte.) Darüber hinaus können Sie damit sehr schöne Spiele zur Sinnesschulung machen (z. B. schauen, ertasten, riechen).

Zu „Ein Käfer-Fest für die Jüngsten", S. 53/54:
Bei der Käfer-Rallye müssen Sie nicht alle Aufgaben übernehmen. Suchen Sie je nach Alter Ihrer Kinder einige Aufgaben aus und schreiben Sie diese mehrmals auf je einen Zettel. So können mehrere Kinder die gleiche Aufgabe erfüllen.
Oder Sie sortieren die Aufgaben nach Schwierigkeitsgrad in zwei unterschiedliche Käfer-Schachteln Die Kinder ziehen die Zettel dann je nach Alter oder Entwicklungsstand aus einer bestimmten Schachtel.
Je nachdem, welche Aufgaben in der Rallye enthalten sind, müssen Sie die entsprechenden Materialien (z. B. Bank, Blätter, Malstifte, Käferbilder etc.) vorher bereitlegen.

Zu „Was gehört zusammen?", S. 56:
Bevor die Kinder diese Aufgabe lösen können, sollten im Vorfeld die Blätter und Früchte der Bäume besprochen werden. Dies kann als Zuordnungsspiel mit echten Blättern und Früchten geschehen oder mit den

ausgeschnittenen und angemalten Kärtchen des Arbeitsblattes. Dabei ist es wichtig, die Baumart und die dazugehörenden Früchte immer wieder zu benennen.
Will man den Kindern eine Möglichkeit der Selbstkontrolle anbieten, kennzeichnet man die zusammengehörenden Kärtchen auf der Rückseite mit einem gleichen Symbol (z. B. Kreis, Dreieck, Viereck etc.). Die fünf Bäume und ihre Früchte heißen: Rosskastanie/Kastanie, Ahorn (Ahornsamen), Eiche (Eicheln), Buche (Bucheckern) und Fichte (Fichtenzapfen).

Zu „Welche Blume passt nicht?", S. 57:
Bitte kopieren Sie das Arbeitsblatt hoch und stellen Sie den Kindern zum Ausmalen der Blumen naturgetreue Abbildungen bzw. Fotos bereit, an denen sie sich orientieren können. Sie finden diese zum Beispiel im Internet unter: *www.wikipedia.de*

Buchempfehlungen / Internet-Tipps

Internetseiten:
- *www.wald.de*
- *naturdetektive.bfn.de*
- *www.waldwissen.net*

Bilderbücher / Sachbücher:
- Döring, Hans G. und Friederun Reichenstetter: Der kleine Fuchs und die Tiere im Wald. Arena Verlag 2010.
- Frag doch mal … die Maus! Unser Wald. cbj-Verlag 2006.
- Klose, Petra: Unkapputbar: Erstes Wissen: Im Wald. Carlsen 2020.
- Meyer-Göllner, Matthias: Kleine Helden im Wald. Das Natur-Erlebnis-Buch. Jumbo Neue Medien 2016. (auch als CD erhältlich)
- Oftring, Bärbel: Im Wald. Carlsen 2022.
- Reichenstetter, Friederun: So leben die kleinen Eichhörnchen. Eine Geschichte mit vielen Sachinformationen. Arena Verlag 2008.
- Reichenstetter, Friederun: Unser Wald und seine Tiere. Die schönsten Geschichten mit vielen Sachinformationen. Arena Verlag 2022.
- Wald der Wunder. arsEdition 2022.

Fachbücher für Erzieherinnen:
- Bambas, Carola und Monika und Petra Bezdek: Raus in den Wald! 30 Übungen und Spiele zum Waldbaden mit Kindern. Don Bosco 2023.
- Neumann, Antje u. Burkhard: Waldfühlungen: Das ganze Jahr lang den Wald erleben. Naturführungen, Aktivitäten und Geschichtenfibel. Mit Spielen, Übungen und Rezepten. Ökotopia Verlag 2009. (nur noch gebraucht erhältlich)
- Saudhof, Kathrin u. Birgitta Stumpf: Mit Kindern in den Wald: Wald-Erlebnis-Handbuch. Planung, Organisation und Gestaltung. Ökotopia Verlag 2009. (nur noch gebraucht erhältlich)

Buchempfehlungen zum Kochen mit Wildkräutern und Wildbeeren:
- Beiser, Rudi: Unsere essbaren Wildpflanzen: 157 Arten bestimmen, sammeln, zubereiten und genießen. KOSMOS 2022.
- Dreyer, Eva-Maria: Welche Wildkräuter und Beeren sind das? 130 Wildkräuter und Beeren einfach bestimmen. Franckh-Kosmos-Verlag 2009. (nur noch gebraucht erhältlich)

Eddy, der kleine Wurzelzwerg (ab 2 Jahren)

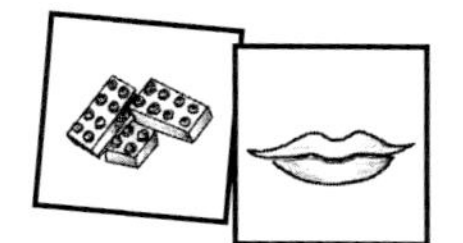

Es war einmal ein kleiner Wurzelzwerg, der hieß Eddy. Eddy wohnte in einer Höhle unter einer großen Wurzel mitten im Wald. Mit Eddy zusammen lebten dort seine Schwester Emily, Vater Wurzelzwerg, Mutter Wurzelzwerg, die Schnecke Molly, die Käfer Fritz und Franz und die Ameise Paul.

Am liebsten spielte Eddy mit seinen Freunden Verstecken, denn unter der Wurzel gab es viele Gänge und Löcher, in denen man sich gut verbergen konnte. So auch heute: Eddy machte sich auf die Suche nach seinen Freunden.

„Hallo, Fritz und Franz, wo seid ihr?", rief er in die Dunkelheit hinein.

„Wir sind hier unten", ertönte eine weit entfernte Stimme, „wir kommen gleich."

Eddy wartete ungeduldig. „Was machen die bloß da unten?", dachte er, und wollte ihnen gerade entgegengehen, da kroch die Schnecke Molly mitten über den Weg. Eddy wäre beinahe über sie gestolpert.

„Musst du dich denn so anschleichen, Molly?", fragte er verärgert. „Fast wäre ich hingefallen."

„Paperlapapp", erwiderte Molly, „mach deine Augen auf und pass auf, wo du hintrittst."

Gerade in diesem Moment kamen Fritz und Franz angekrabbelt. Sie waren völlig außer Atem.

„Was habt ihr zwei denn da unten gemacht?", wollte Eddy wissen.

„Wir haben ein großes Loch entdeckt, das musst du dir unbedingt anschauen", antwortete Franz ganz aufgeregt.

„Nehmt ihr mich mit?", ertönte da plötzlich eine leise Stimme hinter ihnen. Es war Emily, Eddys kleine Schwester. Sie kam hinter einer Wurzel hervorgekrochen. „Was willst du denn hier?", fragte Eddy genervt. „Das ist nichts für kleine Mädchen." Molly, die Schnecke, sah Eddy ärgerlich an: „Musst du deine Schwester immer ärgern?" Zu Emily gewandt sagte sie: „Mach dir nichts draus, lass die Jungs nur verschwinden, wir suchen uns etwas anderes zum Spielen."

Als Eddy mit Fritz und Franz verschwunden war, kam die Ameise Paul angekrabbelt. Er trug ein großes Blatt auf seinem Rücken und kam nur ganz langsam voran.

„Willst du ein bisschen mit uns spielen?", fragte Emily.

„Ich habe keine Zeit, ich muss arbeiten", entgegnete Paul und mühte sich weiter mit seinem Blatt ab.

„Komm, du kannst ein bisschen auf mir reiten!", bot Molly Emily an.

„Oh ja, das macht Spaß!", erwiderte das kleine Wurzelfräulein und setzte sich auf das Häuschen der Schnecke. Ganz langsam, damit Emily nicht hinunterfiel, kroch Molly vorwärts.

Plötzlich stürmte etwas Großes, Braunes an den beiden vorbei und verschwand in einem Gang in der Erde. Emily fiel vor Schreck vom Rücken der Schnecke auf den Boden.

„Was war denn das?", fragte sie erschrocken.

Im gleichen Augenblick kamen Eddy, Fritz und Franz angerannt, sie waren ganz außer Atem.

„Eine Maus ist in dem Loch verschwunden!", rief Eddy aufgeregt.

„Vor wem ist die wohl davongelaufen?"

Spiel: Naseweis (ab 4 Jahren)

Spielmöglichkeit:
Die Kinder sollen ein bestimmtes Waldtier erraten. Dazu gibt die Erzieherin nacheinander verschiedene Informationen. Wer glaubt zu wissen, welches Tier gemeint ist, legt seinen Finger an die Nase, sagt aber nichts. Am Schluss fragt die Erzieherin das Kind, das seinen Finger zuerst an die Nase gelegt hat, nach der Antwort.

Beispiele:

Fuchs
- Das Tier jagt Mäuse.
- Im Winter wird das Fell dicker.
- Die Jungtiere kommen in einem Bau zur Welt.
- Das Tier hat einen buschigen Schwanz.
- Es hat ein rötliches Fell.

Spinne
- Am Vorderkörper sind acht Beine
- Sie hat sechs oder acht Augen.
- Die langen Haare an den Beinen sind Tasthaare.
- Am Hinterkörper hat sie Drüsen.
- Mit den Drüsen kann sie lange Fäden spinnen.

Ameisen
- Sie haben sechs Beine.
- Sie sind Allesfresser.
- Viele tausend leben zusammen in einem Staat.
- Es gibt viele Arbeiterinnen und eine Königin.
- Sie bauen große Nester, in denen sich Gänge und Kammern befinden.

Welches Tier bin ich? (ab 4 Jahren)

Material:
elastisches Stirnband, Kreppklebeband, Schere, Kleber, Kopiervorlage „Welches Tier bin ich?“ (s. S. 11)

Vorbereitung:
An einem elastischen Stirnband wird ein Stück Kreppklebeband befestigt. Die Vorlage wird kopiert, angemalt, auf festes Papier geklebt und ausgeschnitten (evtl. laminieren).
Auf die Rückseite wird ebenfalls ein Stück Kreppklebeband geklebt.

Spielmöglichkeit:
Ein Kind setzt das Stirnband auf und bekommt ein Bild angeheftet. Es soll durch Fragen herausfinden, welches Tier auf dem Bild zu sehen ist. Die anderen Kinder beantworten die Fragen mit „ja“ oder „nein“.

Variante:
Alternativ kann das Spiel auch mit Pflanzen gespielt werden (s. Kopiervorlage S. 56).

BVK • Ingrid Späth: Kita aktiv „Projektmappe Wald“

Kopiervorlage „Welches Tier bin ich?“ (ab 4 Jahren)

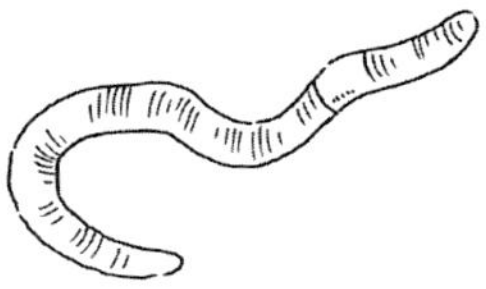

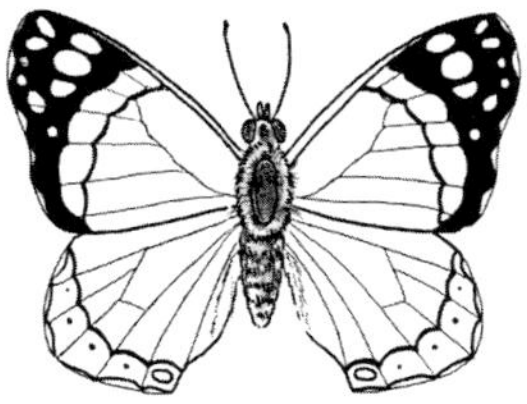

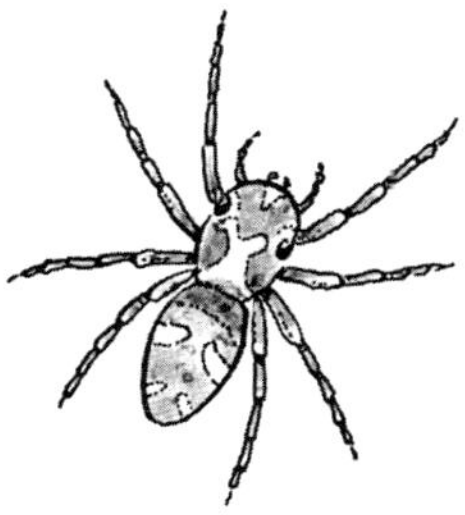

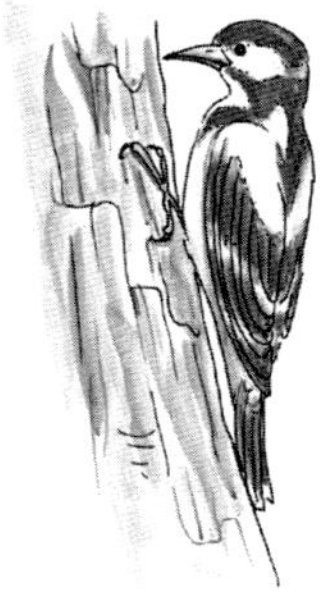

Fingerspiel „Wildschweinjagd“ (ab 3 Jahren)

Fünf Jäger sind in den Wald gegangen, sie wollen dort ein Wildschwein fangen.	*die fünf Finger einer Hand zeigen, dann mit den Händen einen Baum darstellen*
Der erste fragt: „Wo ist es nur? Ich seh vom Wildschwein keine Spur.“	*den Daumen der linken Hand zeigen; die rechte Hand an die Stirn legen und umherschauen, die Schultern hochziehen*
Der zweite sieht sich um und spricht: „Siehst du dort die Spuren nicht?“	*den linken Zeigefinger zeigen; mit einem Finger der rechten Hand auf den Boden zeigen*
Der dritte kann es grunzen hören. „Seid still, damit wir es nicht stören.“	*den linken Mittelfinger zeigen; die andere Hand an ein Ohr legen.*
Doch ganz plötzlich kommt, oh Schreck, das wilde Schwein aus dem Versteck.	*mit den Händen schnell auf die Oberschenkel patschen*
Das Wildschwein sieht zum Fürchten aus, der vierte Jäger nimmt Reißaus.	*die Hände vor das Gesicht halten; den linken Ringfinger zeigen; mit den Füßen schnell am Platz laufen*
Der Kleinste aber, wer hätt das gedacht, der hat das Wildschwein nach Haus gebracht.	*den linken kleinen Finger zeigen; die Arme in U-Form nach oben strecken (Muskeln zeigen)*

Sprechzeichnen: Schneckenhaus (ab 4 Jahren)

Material:
Kopiervorlage „Schnecke“ (s. u.), Bunt- oder Wachsmalstifte

Vorbereitung:
Die Kopiervorlage „Schnecke“ für jedes Kind einmal vergrößert kopieren.

Spielmöglichkeit:
Die Erzieherin spricht einen der folgenden Verse vor, die Kinder sprechen mit:

Viele kleine Weinbergschnecken
wollen sich im Wald verstecken.

oder: *Lirum, larum, lum,*
immer rundherum.

- Alle sprechen den Vers erst laut und leise, dann schnell und langsam.
- Beim Sprechen des Verses wird eine Spirale mit dem Finger in die Luft gemalt (abwechselnd mit der rechten und der linken Hand).
- Alle sprechen den Vers und malen gleichzeitig mit beiden Zeigefingern Spiralen auf die Oberschenkel (mit und gegen den Uhrzeigersinn).
- Die Kinder bekommen das Bild mit der Schnecke und malen mit dem Finger eine Spirale in das Schneckenhaus.
- Die Kinder malen nun, während sie den Vers sprechen, mit einem Bunt- oder Wachsmalstift eine Spirale in das Schneckenhaus.
  Der Vers kann zwei- oder dreimal wiederholt werden, wobei die Kinder jedes Mal eine andere Farbe benutzen sollten. So wird das Schneckenhaus schön bunt.

Kopiervorlage „Schnecke“

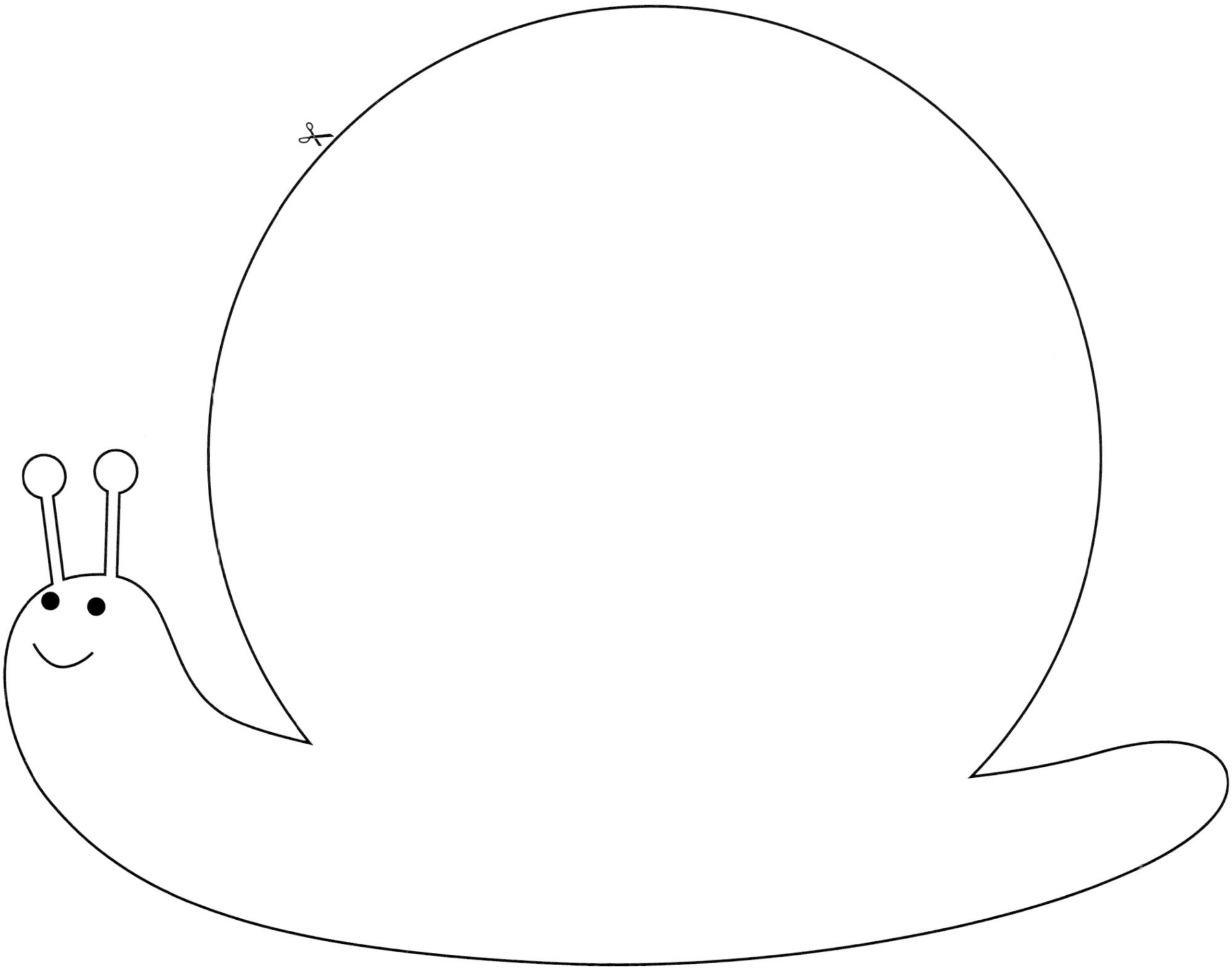

Sprechzeichnen: Igel (ab 4 Jahren)

Material:
Kopiervorlage „Igel" (s. u.), Bunt- oder Wachsmalstifte

Vorbereitung:
Die Kopiervorlage „Igel" für jedes Kind einmal vergrößert kopieren.

Spielmöglichkeit:
Die Erzieherin spricht einen der folgenden Verse vor, die Kinder sprechen mit:

Rauf und runter,
immer munter.

oder: *Mi, ma, Maus,*
und du bist raus.

- Alle sprechen den Vers erst laut und leise, dann schnell und langsam.
- Während die Kinder den Vers sprechen, malen sie Zackenlinien in die Luft (abwechselnd mit der rechten und der linken Hand).
- Alle sprechen den Vers und malen gleichzeitig mit beiden Zeigefingern Zacken auf die Oberschenkel.
- Die Kinder bekommen das Bild mit dem Igel (s. u.) und malen mit dem Finger Zacken auf den Körper.
- Die Kinder malen nun, während sie den Vers sprechen, mit einem Bunt- oder Wachsmalstift die Igelstacheln als Zacken auf.
- Der Vers kann zwei- oder dreimal wiederholt werden, wobei die Kinder jedes Mal eine andere Farbe benutzen sollten. So werden die Stacheln schön bunt.

Kopiervorlage „Igel"

Zungenbrecher (ab 5 Jahren)

Im Frühling findet Förster Fritz fünf flinke Füchse im Forst.
Fünf flinke Füchse findet Förster Fritz im Frühling im Forst.
Im Forst findet Förster Fritz im Frühling fünf flinke Füchse.

Spielmöglichkeit:
Die Erzieherin spricht den Text vor, die Kinder sprechen ihn nach. Die Sätze werden zuerst langsam und sehr deutlich gesprochen. Um den Kindern das Merken zu erleichtern, kann die Erzieherin zu einzelnen Wörtern Gesten vormachen:

- *im Frühling:* mit den Händen eine Sonne zeigen
- *Förster Fritz:* einen Hut auf dem Kopf andeuten
- *fünf:* die fünf Finger einer Hand zeigen
- *flinke Füchse:* die Finger der rechten Hand „laufen“ über den linken Arm
- *im Forst:* die Fingerspitzen beider Hände aneinanderlegen (= Tannenbaum)

Können die Kinder die Sätze gut auswendig sprechen, werden zuerst die einzelnen Sätze immer etwas schneller gesprochen. Erst dann sollen die Kinder versuchen, zwei oder sogar alle drei Sätze nacheinander schnell zu sprechen.

Weitere Zungenbrecher:

Spinne Suse spinnt schöne Spinnfäden.
Schöne Spinnfäden spinnt Spinne Suse.

Wilma Waldwichtel will im Wald wilde Waschbären mit Wasser waschen.
Mit Wasser waschen will Wilma Waldwichtel wilde Waschbären im Wald.

Käfer Kurt kann keine krümeligen Kekse kauen.
Keine krümeligen Kekse kauen kann Käfer Kurt.

Viele kleine Weinbergschnecken wollen sich im Wald verstecken.
Kriechen unter grüne Hecken, keiner kann sie dort entdecken.

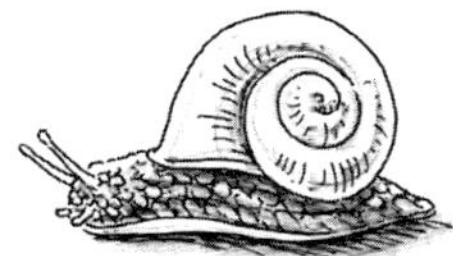

Variante:
Besonders beim letzten Zungenbrecher können die Kinder mit unterschiedlichen Betonungen und Sprechweisen experimentieren. Sie sprechen den Vers:

- erst langsam – und werden dann immer schneller
- erst laut – und dann leise oder abwechselnd lauter und leiser werdend
- fröhlich, traurig oder wütend
- mit hoher oder tiefer Stimme

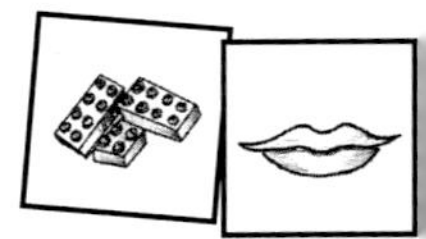

Ein Käfer mit sechs Beinen (ab 2 Jahren)

Ein Käfer mit sechs Beinen,
der krabbelt ganz alleine –
im Wald herum.

Doch plötzlich bleibt er stehen;
was hat er nur gesehen? –
Dann fällt er um.

© Ingrid Späth

Spielmöglichkeit:
Die Erzieherin und die Kinder sitzen im Stuhlkreis und sprechen das Gedicht gemeinsam. Ein Kind spielt den Käfer und krabbelt im Kreis auf dem Boden herum. Beim zweiten Teil des Gedichtes bleibt der „Käfer“ stehen, schaut sich um, fällt dann auf den Rücken und zappelt mit den Beinen.

Rhythmischer Vers: Waldolo, der Waldschreck (ab 3 Jahren)

Material:
zwei Stöcke pro Kind (aus dem Wald) oder zwei Klanghölzer oder Schlegel etc.

Waldolo, der Waldschreck, sitzt in dem Versteck;

trommelt mit zwei Stöcken, die Tiere zu erschrecken. Hu!

© Ingrid Späth

Spielmöglichkeiten:

1. Die Erzieherin spricht den Vers vor, die Kinder sprechen mit. Bei dem Wort „Hu!“ am Schluss des Verses strecken wir alle zehn Finger schnell vor das Gesicht.
   - Wir sprechen den Vers laut und leise, schnell und langsam.
   - Wir sprechen den Vers abwechselnd in zwei Gruppen.
   - Wir sprechen und begleiten den Vers mit verschiedenen Körperinstrumenten (s. S. 17).

2. Jedes Kind bekommt zwei Stöcke aus dem Wald (oder Klanghölzer, Schlegel etc.). Wir begleiten den Vers mit den Stöcken auf verschiedene Arten:
   • Stöcke aufeinanderschlagen • mit den Stöcken (vorsichtig) auf den Oberschenkeln trommeln • mit den Stöcken auf den Boden klopfen • mit den Stöcken auf unseren Stühlen oder auf den Tisch trommeln

Rhythmische Spiele mit den Namen von Waldtieren (ab 4 Jahren)

Spielmöglichkeit:

1. Die Kinder überlegen, welche Tiere im Wald leben. Wir klatschen die Namen der Tiere und zählen, wie viele Silben der jeweilige Name hat.

Beispiele:

Einsilbig:	Reh, Fuchs, Dachs, Specht
Zweisilbig:	Wildschwein, Igel, Hase, Eule, Kröte
Dreisilbig:	Eichhörnchen, Ameise, Regenwurm, Hirschkäfer
Viersilbig:	Salamander, Borkenkäfer, Weinbergschnecke

2. Jedes Kind sucht sich nun ein Tier aus, spricht den Namen und begleitet das Sprechen mit einem beliebigen Körperinstrument. Das Spiel geht reihum im Kreis, bis jedes Kind einmal an der Reihe war. Dabei sollen möglichst viele unterschiedliche Waldtiere genannt werden.

Körperinstrumente:

- mit den Händen auf die Oberschenkel patschen (abwechselnd oder gleichzeitig)
- über die Oberschenkel streichen
- klatschen (Handflächen gegeneinander oder Handfläche klatscht auf Handrücken)
- stampfen
- mit den Füßen über den Boden „wischen“
- schnipsen (schwierig)
- auf die Brust klatschen
- die Hände reiben

3. Wir entscheiden uns nun für ein Tier aus jeder Silben-Gruppe. Jedem Tier wird ein Körperinstrument zugeordnet.
   Wir sprechen die Namen der Tiere nacheinander und begleiten sie mit den unterschiedlichen Körperinstrumenten. Dies wird mehrmals wiederholt. (Die Erzieherin macht mit den Kindern ein Stopp-Zeichen aus.)

   Beispiel:

I – gel	♩ ♩
Sa – la – man – der	♪ ♪ ♪ ♪
Eich – hörn – chen	♩ ♪ ♪
Fuchs	♩ 𝄽

   Eines der Tiere macht dann eine Pause, das heißt, wir sprechen den Namen nicht, sondern hören nur das Körperinstrument. In jeder Runde macht ein anderes Tier eine Pause.
   Es können auch zwei, drei oder alle Tiere Pause machen, dann hören wir nur noch die unterschiedlichen Rhythmen und Körperinstrumente.

4. Die Kinder werden abschließend in zwei Gruppen eingeteilt. Jede Gruppe entscheidet sich für einen Tiernamen und ein Körperinstrument. Beide Gruppen sprechen und begleiten das Wort gleichzeitig, wobei eine Gruppe beginnt und die Erzieherin den Beginn, Einsatz der zweiten Gruppe und das Ende vorgibt.

Rhythmische Sprechverse **(ab 3 Jahren)**

Ix, ax, ux, rot ist der Fuchs

Material: evtl. Rhythmusinstrumente (Handtrommeln, Klanghölzer, Rasseln etc.)

Ix, ax, ux,	♩ ♩ | 𝅗𝅥 |	*klatschen*
rot ist der Fuchs,	♩ ♪ ♪ | 𝅗𝅥 |	*auf die Oberschenkel patschen*
grau ist die Maus,	♩ ♪ ♪ | ♩ |	*auf die Oberschenkel patschen*
und du bist raus.	♩ | ♩ ♩ | 𝅗𝅥 |	*mit den Füßen stampfen*

Spielmöglichkeiten:
- Alle sprechen den Vers gemeinsam und begleiten ihn mit den verschiedenen Körperinstrumenten (s. S. 17).
- Die Kinder sprechen abwechselnd laut und leise und schnell und langsam.
- Die Kinder sprechen und spielen abwechselnd in zwei Gruppen.
- Der Vers wird mit Rhythmusinstrumenten begleitet.

Kommt der Fuchs zum Bau heraus

Material: evtl. Handtrommeln

A: Kommt der Fuchs zum Bau heraus, sucht sich seine Beute aus.
B: Kleine Mäuse, schnell und keck, laufen vor dem Fuchs flink weg.

© *Ingrid Späth*

Spielmöglichkeiten:
1. Wir sprechen Vers A langsam und streichen dazu mit den Händen über die Oberschenkel (= Schleichen des Fuchses). Dies wird mehrmals wiederholt.
   Dann sprechen wir Vers B und patschen dazu schnell mit den Händen auf die Oberschenkel (= Rennen der Mäuse). Dies wird mehrmals wiederholt.

2. Fangspiel im Stuhlkreis:
   - Zwei Kinder sind die Füchse, vier Kinder spielen die Mäuse.
   - Auch die anderen Kinder werden in Füchse und Mäuse eingeteilt.
   - Die Fuchsgruppe spricht ihren Vers, während die zwei Füchse in der Kreismitte herumschleichen.
   - Die vier Mäuse verstecken sich unter ihren Stühlen. Auf ein Signal der Erzieherin hin spricht die Mäusegruppe den Mäuse-Vers. Die vier Mäuse kommen aus ihrem Versteck heraus, und jeder Fuchs versucht, eine Maus zu fangen. Die Mäuse müssen sich so lange in der Kreismitte bewegen, bis die Mäusegruppe den Vers zu Ende gesprochen hat. Dann dürfen sie sich auf ihre Stühle setzen und sind in Sicherheit.

Variante:
Die beiden Verse können auch mit Handtrommeln begleitet werden. Die „Füchse“ streichen über das Fell der Trommeln, die „Mäuse“ klopfen mit den Fingerspitzen im Vers-Rhythmus auf das Trommelfell.

Das Bäumlein im Wind (ab 2 Jahren)

Spielmöglichkeit:
Die Kinder stehen als „Bäume" verteilt im Raum und bewegen sich passend zum Liedtext.

Spiellied: Wir gehen durch den großen Wald (ab 3 Jahren)

Ein Teil der Kinder steht als „Bäume" im Raum. Die anderen Kinder bewegen sich passend zum Liedtext.

Waldtiere – Gedicht mit Instrumentenbegleitung (ab 4 Jahren)

Material:
Fingerzimbeln, Trommel, Klanghölzer oder Holzblock, Schellen, Becken, Triangel, Rassel

Spielmöglichkeit:
Jedes Kind sucht sich ein Instrument aus. (Bei größeren Gruppen werden die Instrumente bei der Wiederholung des Gedichtes gewechselt.)
Die Erzieherin liest nun die Verse vor. Die Kinder machen auf den jeweiligen Instrumenten die Geräusche.

Hinweis:
Die Reim-Sätze haben alle einen ähnlichen Sprechrhythmus. Das erste Wort (bzw. die erste Silbe) ist unbetont. Die fettgedruckte Silbe wird jeweils betont gesprochen und die Betonung durch das jeweilige Instrument noch unterstrichen.

Die **Vö**gel ihre **Flü**gel schwingen, seid **ihr** ganz still, hört **ihr** sie singen.	*Fingerzimbeln bei den markierten Silben anschlagen*
Der **ro**te Fuchs, der **ist** sehr schlau, er **schleicht** heraus aus **sei**nem Bau.	*mit den Fingerspitzen über die Trommel streichen*
Den **Specht** hört man von **wei**tem schon, **tok,** tok, tok er**klingt** sein Ton.	*im Rhythmus kurz-kurz-lang klopfen, mit den Hölzern oder auf dem Holzblock (♪ ♪ ♩ **tok,** tok, tok)*
Das **Eich**hörnchen hüpft **ganz** geschwind, von **Ast** zu Ast schnell **wie** der Wind.	*Das Schellenband in der linken Faust halten, mit der rechten Faust im Sprechrhythmus auf die linke Faust schlagen.*
Die **Eu**le ruft schu**hu** schuhu, schaut **hoch** vom Baum den **an**dern zu.	*das Becken bei den markierten Silben anschlagen*
Ein **klei**nes Reh, noch **scheu** und klein, spa**ziert** im Wald so **ganz** allein.	*die Triangel bei den markierten Silben anschlagen*
Der **I**gel sich im **Laub** versteckt, da**mit** ihn keiner **dort** entdeckt.	*die Rassel drehen oder schütteln*

© Ingrid Späth

Klanggeschichte: „Waldhexe Gundula und die Tiere des Waldes“ (1)

(ab 4 Jahren)

Material:
2 Xylofone, Rassel, Trommel, Holzblocktrommel oder Klanghölzer, 2 Walnusshälften

Spielmöglichkeit:
Die Erzieherin liest die Geschichte vor. Anschließend bespricht sie mit den Kindern, welche Rollen zu verteilen sind.
Dann werden die Instrumente vorgestellt: Wie heißen die Instrumente und wie werden sie gespielt?

Die folgenden Rollen werden mit den jeweiligen Instrumenten verteilt:
- **Waldhexe Gundula:** einzelne Töne auf dem Xylofon spielen (Dreiklang oder Rufterz)
- **Fliegen auf dem Besen:** Glissando auf dem Xylofon (mit dem Schlegel mehrmals über das Xylofon hin- und herstreichen)
- **Fritz, der Igel:** Rassel
- **Frieda, die Füchsin:** mit der Hand über die Trommel streichen
- **Paul, der Specht:** Holzblocktrommel oder Klanghölzer
- **Emil, das Eichhörnchen:** zwei Walnusshälften aneinanderreiben

Bei größeren Kindergruppen können die Rollen auch doppelt besetzt werden.
Die Kinder spielen ihr Instrument, wenn der entsprechende Name vorgelesen wird.
Wichtig: Die Erzieherin macht dann jeweils eine kurze Pause.
Die Kinder sollen gut zuhören und selbst bemerken, wann sie an der Reihe sind. Manchmal wird das Tier oder aber der Name des Tieres genannt, ebenso wie „Gundula“ oder „die Waldhexe“. Liest die Erzieherin „die Tiere“, spielen alle Tiere gleichzeitig auf ihren Instrumenten.
Liest die Erzieherin weiter, hören die Kinder auf zu spielen.

Im Folgenden ist nur der jeweils erste Einsatz eines jeden Tieres bzw. der Waldhexe gekennzeichnet.

Vorlesetext	Begleitung auf den Instrumenten
Im tiefen Schwarzwald, wo kaum ein Mensch hinkam, wohnte die **Waldhexe Gundula.** Sie hatte einen neuen Besen, den sie unbedingt ausprobieren wollte, aber alleine machte **das Fliegen** keinen richtigen Spaß.	**Waldhexe Gundula:** *einzelne Töne auf dem Xylofon* **auf dem Besen fliegen:** *Glissando auf dem Xylofon*
So machte sich **Gundula** auf, ihre Freude, die **Tiere** des Waldes, zu besuchen.	**Tiere:** *alle Tiere spielen auf ihren Instrumenten*
Sie **flog mit ihrem Besen** los und entdeckte auch schon bald **Fritz, den Igel,** der neben einer großen Buche saß.	**Fritz, der Igel:** *Rassel*
„Hallo Fritz, möchtest du mit mir eine Runde auf meinem neuen **Besen fliegen?**“ fragte ihn die **Waldhexe.** „Oh nein, so hoch oben wird mir schwindelig“, antwortete **der Igel,** „ich bleibe lieber hier auf dem Boden, aber ich wünsche dir viel Spaß.“	

Klanggeschichte: „Waldhexe Gundula und die Tiere des Waldes“ (2)

(ab 4 Jahren)

Da **flog Gundula** weiter durch den Wald und erblickte kurz darauf **Frieda, die Füchsin.** „Hallo **Frieda,** warte kurz auf mich!“, rief die **Waldhexe,** und schon landete sie neben der **Füchsin** auf dem Waldboden. „Hast du Lust, mit mir auf meinem neuen **Besen zu fliegen?“**, fragte sie.	**Frieda, die Füchsin:** *über die Trommel streichen*
„Tut mir leid, **Gundula,** ich habe gerade keine Zeit, ich muss mich um meine Jungen kümmern“, antwortete **Frieda,** und schon war sie in ihrem Bau verschwunden.	
So **flog** die **Waldhexe** weiter alleine durch den Wald.	
Wo sind denn heute nur alle **Tiere?**, dachte sie gerade, als sie **Paul, den Specht,** hörte. Er saß am Stamm einer alten Fichte und sein Hämmern war nicht zu überhören. „Hallo **Paul“,** rief **Gundula,** „ich probiere gerade meinen neuen Besen aus, möchtest du mitkommen?“ „Keine Zeit, keine Zeit, siehst du nicht, dass ich gerade arbeite?“, erwiderte der **Specht** und hämmerte geschäftig weiter.	**Paul, der Specht:** *Holzblocktrommel oder Klanghölzer*
‚Irgendein **Tier** wird doch Zeit haben‘, dachte die **Waldhexe,** als sie auf ihrem **Besen weiterflog.**	
Da entdeckte sie **Emil, das Eichhörnchen,** hoch oben auf dem Ast einer alten Eiche und flog zur ihm hin. „Hallo **Gundula“,** rief das **Eichhörnchen,** „hast du Lust, mit mir zu spielen?“ „Wir könnten zusammen eine Runde auf meinem neuen **Besen fliegen“,** antwortete die **Waldhexe** erfreut. „Super“, rief **Emil** und setzte sich hinter **Gundula** auf den Besen, und schon **flogen sie** zusammen los.	**Emil, das Eichhörnchen:** *zwei Walnusshälften aneinanderreiben.*
Von oben konnten sie ihre Freunde, die **Tiere** des Waldes, sehen.	
Sie sahen **den Igel Fritz, den Specht Paul, die Füchsin Frieda** mit ihren Jungen, und alle waren sehr beschäftigt.	
Nach einem langen Rundflug über den Wald setzte **Gundula** das **Eichhörnchen** wieder bei seinem Kobel ab. **Emil** bedankte sich bei der **Waldhexe** für den schönen Rundflug.	
Gundula flog auf ihrem neuen Hexenbesen zurück zu ihrem Hexenhaus – und die Geschichte ist jetzt aus.	

Spiellied: „Ein kleiner Krabbelkäfer“ (ab 2 Jahren)

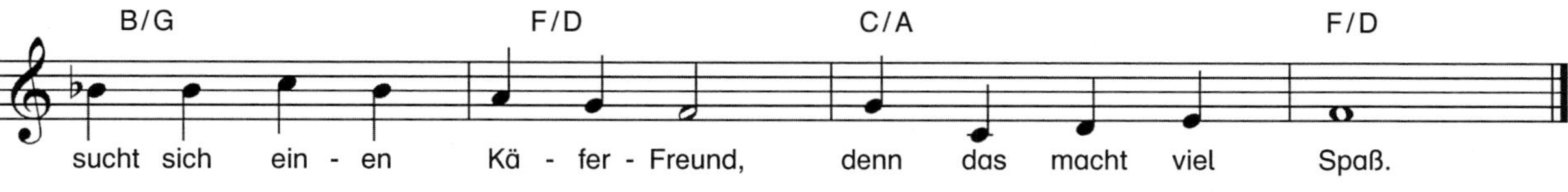

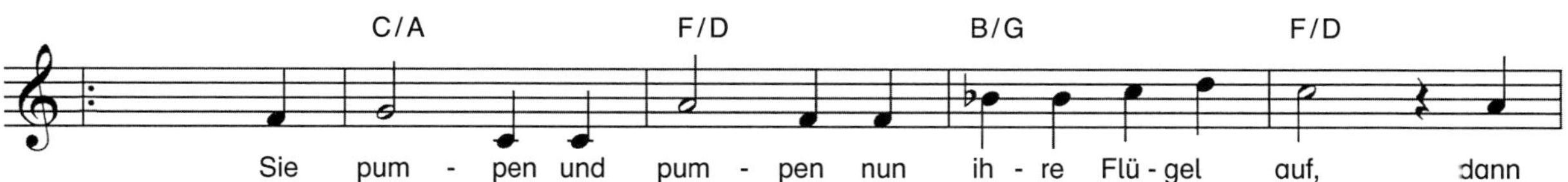

2. Zwei kleine Krabbelkäfer, die krabbeln durch das Gras.
   Sie suchen einen Käfer-Freund, denn das macht viel Spaß.
   Sie pumpen und pumpen nun ihre Flügel auf,
   dann fliegen sie, dann fliegen sie weit in die Welt hinaus.

3. Vier kleine Krabbelkäfer …

Letzte Strophe am Ende: … dann fliegen sie, dann fliegen sie, schnell zurück nach Haus.

Spielmöglichkeit:
Die Kinder sitzen im Stuhlkreis. Ein Kind fängt an und krabbelt auf allen vieren als Käfer auf dem Boden. Bei der zweiten Zeile sucht es sich einen Freund aus, indem es vor einem anderen Kind sitzen bleibt. Beide „Käfer“ sitzen bei der dritten Zeile auf dem Boden und „pumpen“ mit den „Flügeln“ (gebeugte Arme, Fäuste vor der Brust) auf und ab.
Bei der vierten Zeile breiten die Käfer die Arme aus und „fliegen“ im Inneren des Stuhlkreises durcheinander herum.
Bei der zweiten Strophe krabbeln zwei Käfer auf dem Boden und suchen sich jeweils einen Käfer-Freund usw.
Das Spiel kann so lange weitergespielt werden, wie die Kinder im Stuhlkreis genügend Platz zum Krabbeln und Fliegen haben. Zum Schluss fliegen alle Käfer zu ihren Plätzen zurück.

Hinweis:
Wem das Lied in F-Dur zu hoch ist, kann es auch in D-Dur singen (Gitarrengriffe s. Melodie).

Kreisspiel von den Wurzelmännchen (ab 3 Jahren)

Zur Melodie des Liedes „Ein kleines graues Eselchen" wird der folgende Text gesungen:

1. Ein kleines Wi-Wa-Wurzelmännchen wandert durch den Wald.
   Es hat 'ne grüne Mütze auf und singt laut, dass es schallt:
   Tra-la, tra-la, tra-la-la-la-la.

2. Zwei kleine Wi-Wa-Wurzelmännchen wandern durch den Wald.
   Sie haben grüne Mützen auf und singen, dass es schallt:
   Tra-la, tra-la, tra-la-la-la-la.

3. Vier kleine ... / 4. Acht kleine ... / 5. Viele kleine ...

Spielmöglichkeit:
Alle Kinder sitzen im Kreis. Ein Kind spielt den kleinen Wurzelzwerg, der im Kreis herumgeht. Mit den Händen deutet das Kind eine Mütze auf dem Kopf an. Bei „Tra-la, tra-la ..." bleibt es vor einem Kind im Kreis stehen und klatscht am Platz im Rhythmus der Melodie.
Das ausgewählte Kind wird nun auch ein Wurzelzwerg und wir singen die zweite Strophe usw.

Variante:
Anstatt zu klatschen können die Wurzelzwerge auch andere Körperinstrumente benutzen (stampfen oder auf die Oberschenkel patschen etc.).

Kreisspiel: Ich bin ein kleiner Wurzelzwerg (ab 3 Jahren)

Zur Melodie des Liedes „Ich bin ein kleiner Tanzbär" wird das folgende Lied gesungen:

1. Ich bin ein kleiner Wurzelzwerg und komme aus dem Wald.
   Ich suche meine Freunde und finde sie schon bald.
   /: Ei wir tanzen hübsch und fein von einem auf das andre Bein :/

2. Wir sind zwei kleine Wurzelzwerge und kommen aus dem Wald.
   Wir suchen unsre Freunde und finden sie schon bald.

3. Wir sind vier kleine Wurzelzwerge ...

Spielmöglichkeit:
Alle Kinder stehen im Kreis. Ein Kind geht als kleiner Zwerg herum und bleibt vor einem Kind stehen.
Beide Kinder stehen sich gegenüber, halten sich an den Händen und verlagern das Gewicht von dem einen auf das andere Bein.
Beide Kinder gehen nun als Zwerge im Kreis spazieren und suchen sich jeweils einen neuen Freund.

Igel für das Fenster (ab 4 Jahren)

Material:
braunes Tonpapier, Transparentpapier (braun, gelb, orangefarben, rot), Scheren, Bleistifte, Kleber, schwarzer Filzstift, durchsichtiges Klebeband, Pappe, Kopiervorlage „Igel" (s. u.)

Vorbereitung:
Fertigen Sie vorab mit Hilfe der Kopiervorlage „Igel" mehrere Schablonen für die Kinder an.

Arbeitsanleitung:
Die Kinder übertragen die Umrisse der Igelschablone auf braunes Tonpapier und schneiden sie aus.
Der innere Kreis wird ebenfalls ausgeschnitten und mit Transparentpapier hinterklebt. Zum Schluss wird jedem Igel ein Gesicht gemalt.
Mit durchsichtigem Klebeband werden die Igel am Fenster befestigt.

Kopiervorlage „Igel"

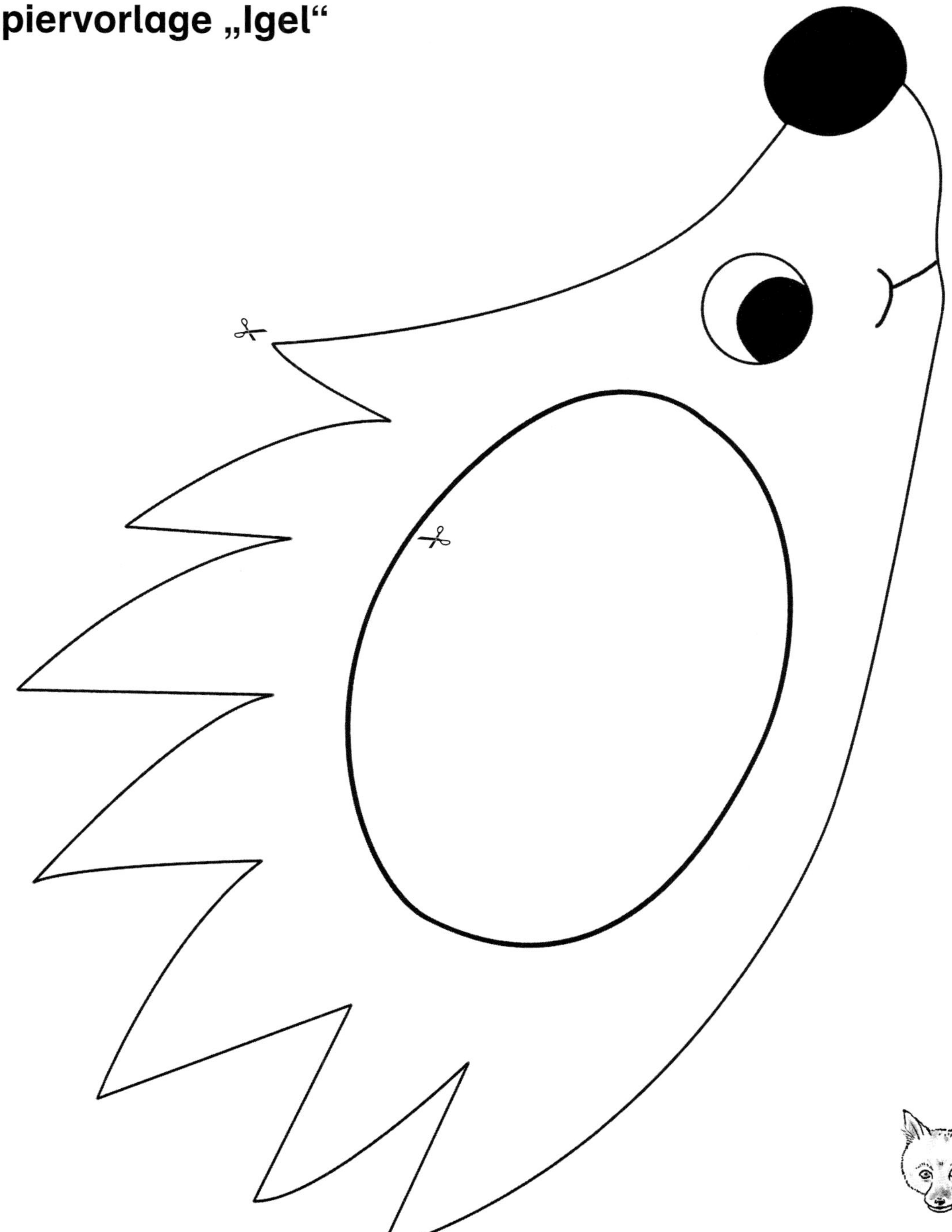

Tannenbaum-Laterne (ab 4 Jahren)

Material:
grünes und braunes Tonpapier, hellgrünes Transparentpapier, Scheren, Bleistifte, Toilettenpapierrollen, Pappe, Kleber, Kopiervorlagen „Tannenbaum“ (s. u.) und „Zwischenteil“ (s. S. 27), durchsichtiges Klebeband, Teelichter

Vorbereitung:
Erstellen Sie vorab mit Hilfe der Kopiervorlagen „Tannenbaum“ (s. u.) und „Zwischenteil“ (s. S. 27) mehrere Schablonen für die Kinder.

Arbeitsanleitung:
1. Die Kinder übertragen die Umrisse der Tannenbaum-Schablone zweimal auf grünes Tonpapier und schneiden sie aus.
2. Die Innenteile werden ebenfalls ausgeschnitten und mit hellgrünem Transparentpapier hinterklebt.
3. Die Umrisse des Zwischenteils werden ebenfalls auf grünes Papier aufgezeichnet und ausgeschnitten. Dann werden die Zackenlinien ausgeschnitten und das Mittelteil zwischen die zwei Tannenbaumteile geklebt.
4. Die Toilettenpapierrolle wird mit braunem Papier beklebt. Oben sollte das Papier ca. 1 cm überstehen. Dann wird es mit der Schere eingeschnitten.
5. Die Schnittkanten werden nun von unten an das Zwischenteil geklebt.
6. Zum Schluss werden die Teelichter in die Laternen (s. Kennzeichnung) geklebt.

Kopiervorlage „Tannenbaum“

(bitte um 150 % hochkopieren)

Kopiervorlage „Zwischenteil“

Zwischenteil

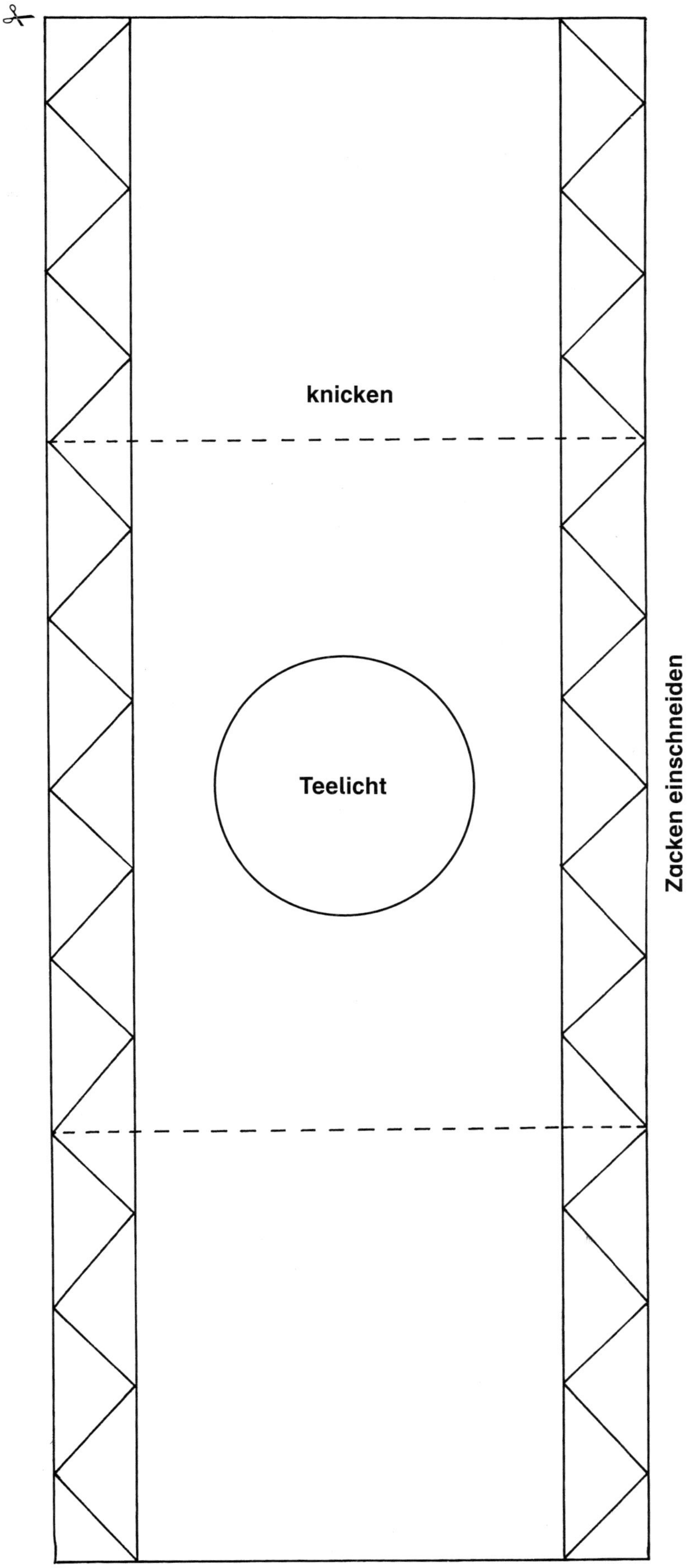

knicken

Teelicht

Zacken einschneiden

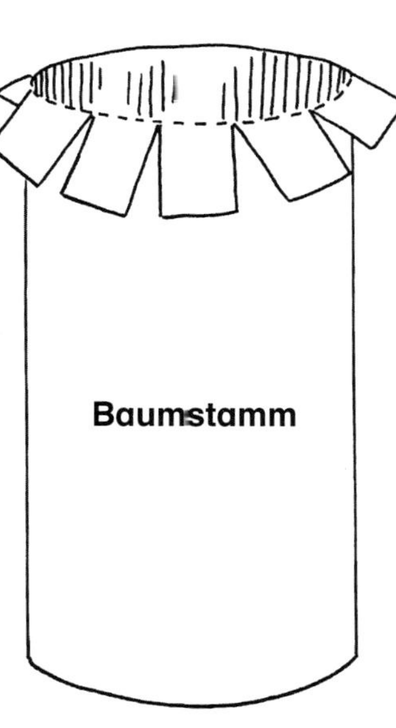

Käfer auf einem Blatt (ab 5 Jahren)

Material:
schwarzes, rotes oder braunes Tonpapier, grüner Tonkarton, Bleistifte, Schere, schwarzer Filzstift, Schnur, Nadel, durchsichtiges Klebeband

Arbeitsanleitung: 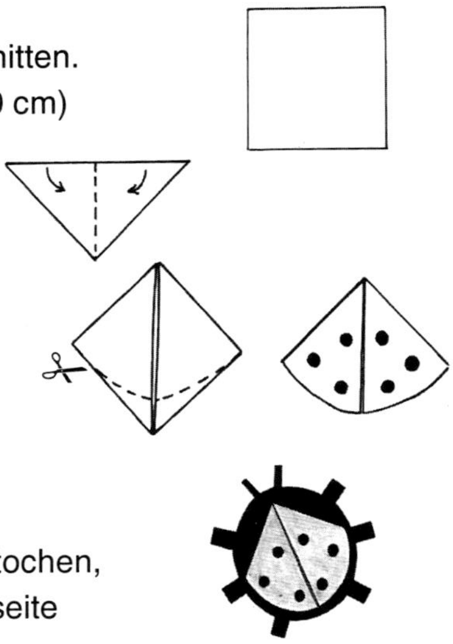
1. Der Käfer-Körper wird auf schwarzem Papier aufgezeichnet und ausgeschnitten.
2. Als Nächstes wird aus rotem oder braunem Tonpapier ein Quadrat (10 x 10 cm) ausgeschnitten.
3. Das Quadrat wird zweimal zu einem Dreieck gefaltet.
4. Der letzte Faltgang wird wieder geöffnet und die geschlossenen Seiten werden zur Mittellinie hin gefaltet.
5. Nun werden daraus die Flügel ausgeschnitten und evtl. einige schwarze Punkte darauf gemalt.
6. Anschließend werden die Flügel mit der Schnur dazwischen auf den Körper geklebt.
7. Auf grünem Tonkarton wird ein Blatt (s. u.) aufgemalt und ausgeschnitten.
8. An den beiden Enden des Blattes werden mit einer Nadel zwei Löcher gestochen, durch die die Schnur hindurchgezogen wird. Die Schnur wird auf der Rückseite des Blattes so verknotet, dass ein kleiner Spielraum bleibt.

Zieht man nun an der Schnur, so kann der Käfer auf dem Blatt vor und zurück krabbeln.

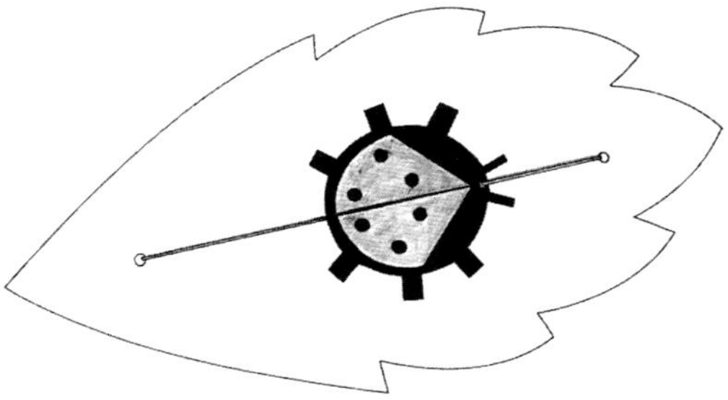

Kopiervorlage „Käfer-Körper“

Kopiervorlage „Blatt“

(bitte um 160 % hochkopieren)

Malgeschichte: „Im Wald“ (ab 5 Jahren)

Material:
Buntstifte, Papier

Arbeitsanleitung:
Die Erzieherin liest den Kindern die Geschichte (s. unten) vor und bespricht mit ihnen, was Luisa alles gemalt hat. Die Kinder sollen sich die einzelnen Details der Geschichte merken und sich vorstellen, wie das Bild aussehen könnte, das Luisa gemalt hat.
Bevor die Kinder anfangen zu malen, wird die Geschichte noch einmal vorgelesen. Dann erhalten die Kinder die Aufgabe, das gleiche Bild wie Luisa zu malen.
Sind sie mit ihren Bildern fertig, kann anhand der Geschichte besprochen werden, an wie viele Dinge sich die Kinder erinnern konnten.

Zielsetzung:
Bei diesem Angebot wird vor allem die Merkfähigkeit der Kinder geschult. Wie viele Details der kurzen Geschichte können sich die Kinder merken und wie setzen sie das Gehörte bildnerisch um?

Im Wald

Luisa malt ein Bild für ihre Oma. Sie möchte ihrer Oma zeigen, wie schön es im Wald ist.

Zuerst malt sie den **braunen Waldboden.**
Darauf wachsen Bäume. Sie malt **einen Tannenbaum** und **einen Laubbaum.** Zwischen den zwei Bäumen liegt ein **gefällter Baumstamm** auf der Erde.
Darauf **balanciert Luisa,** das macht ihr großen Spaß.
Der Himmel ist blau und die **Sonne scheint. Ein Vogel fliegt** dort und **zwei Wolken** sind zu sehen.
Neben dem Tannenbaum kriecht **eine Schnecke,** die **einen Pilz** entdeckt hat.
Ein Igel ist auf Futtersuche.
Im Wald wachsen auch Blumen. Luisa malt noch **eine schöne Blume** und einen **Schmetterling.**

Seht nur, wie schön das Bild geworden ist, darüber wird sich Oma sicher freuen.

Puzzle-Bild: Eule (ab 3 Jahren)

Aufgabe:

Schneide die einzelnen Puzzleteile aus. Füge sie zu einem Bild zusammen. Klebe das Bild auf ein Blatt. Male es an.

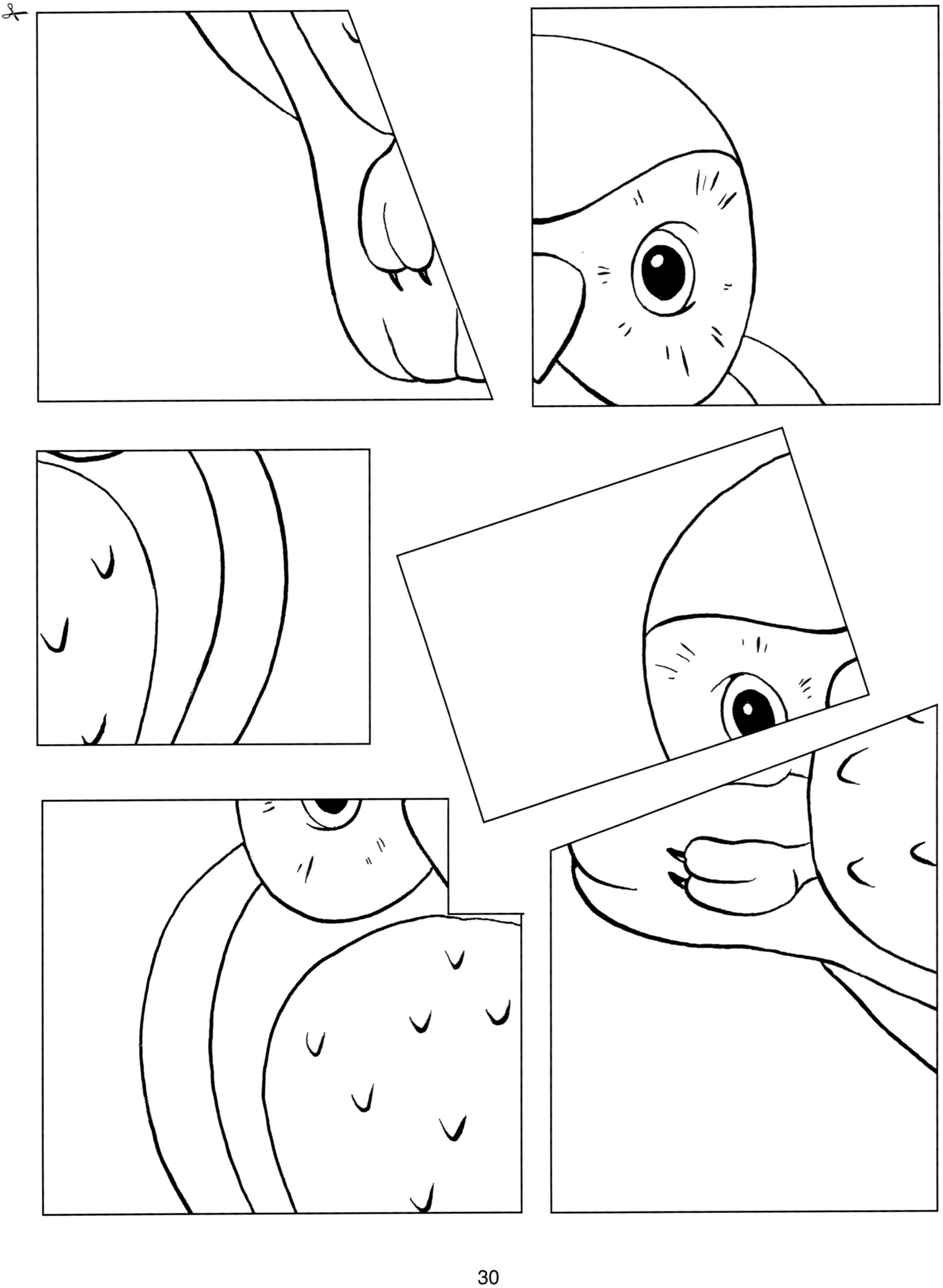

Käfer-Kostüme (ab 4 Jahren)

Material:
braune oder schwarze Papierstreifen (ca. 3 x 55 cm), schwarze Pfeifenputzer, Locher, Klebeband oder Tacker, Gummischnüre (Elastik-Kordeln, ca. 15 cm lang), Krepppapier oder Filz, Kordel

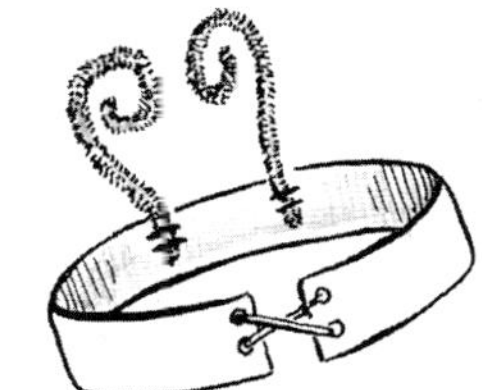

Arbeitsanleitung „Fühler“:
1. An braune oder schwarze Papierstreifen werden zwei Fühler aus Pfeifenputzern geklebt oder getackert.
2. Die Pfeifenputzer werden am Ende eingerollt.
3. Die Papierstreifen werden an ihren Enden mit zwei Löchern gelocht und mit Gummischnüren über Kreuz verknotet. (So können sie flexibler am Kinderkopf angepasst werden.)

Arbeitsanleitung „Flügel“:
1. Die Käferflügel werden aus Krepppapier oder Filz ausgeschnitten und an einer Kordel befestigt. Dazu wird der obere Teil der Flügel ca. 5 cm breit umgefaltet und festgeklebt. Die Kordel wird durch den entstandenen Tunnel gezogen.
2. Die Flügel werden den Kindern als Umhang um die Schultern gebunden.
   Wichtig:
   Sie sollten nicht zu lang sein, damit die Kinder noch gut krabbeln können.

Käfer-Schachtel (ab 4 Jahren)

Material:
runde Käseschachtel, schwarzes und rotes Tonpapier, Schere, Bleistift, Kleber, Kopiervorlage „Käfer-Körper“ (s. S. 28)

Arbeitsanleitung:
1. Die Umrisse der Käferschablone werden vergrößert, bis sie dem Durchmesser der Käseschachtel entsprechen. Die Beine müssen gut zu sehen sein. Dann werden die Umrisse auf schwarzes Tonpapier übertragen.
2. Der Rand des Bodens der Käseschachtel wird mit einem schwarzen Tonpapierstreifen umklebt.
3. Der Käfer-Körper wird ausgeschnitten und unter den Boden der Käseschachtel geklebt.
4. Nun wird der Deckel der Käseschachtel mit schwarzem Papier beklebt.
5. Auf das rote Tonpapier werden die zwei Käferflügel aufgemalt, ausgeschnitten und mit schwarzen Punkten beklebt. Diese werden auf den Deckel der Schachtel geklebt.

Fertig ist die Käfer-Schachtel!

Hinweis:
Es können natürlich nicht nur Marienkäfer, sondern auch andere Käferarten (wie z. B. Maikäfer) gebastelt werden.

BVK • Ingrid Späth: Kita aktiv „Projektmappe Wald“

Einladungskarte zum Tannenbaumfest (ab 3 Jahren)

Material:
hell- und dunkelgrünes Tonpapier, Bleistift, Schere, evtl. Prickelnadel, Kopiervorlage „Tannenbaum“ (s. S. 52)

Vorderseite Einladungskarte

Arbeitsanleitung:

1. Die Schablone des halben Tannenbaumes wird auf einen grünen Papierstreifen (ca. 7 x 20 cm) übertragen.

2. Anschließend wird der Baum ausgeschnitten oder ausgeprickelt. **Wichtig:** Die Tannenbaumhälfte muss in einem Stück ausgeschnitten bzw. ausgeprickelt werden!

3. Die ausgeschnittene Tannenbaumhälfte (positiv) wird dann mit dem restlichen Papierstreifen (negativ) auf das Deckblatt einer gefalteten Einladungskarte in DIN A5 geklebt.

4. In den Innenteil der Einladungskarte wird die Einladung von Seite 52 geklebt.

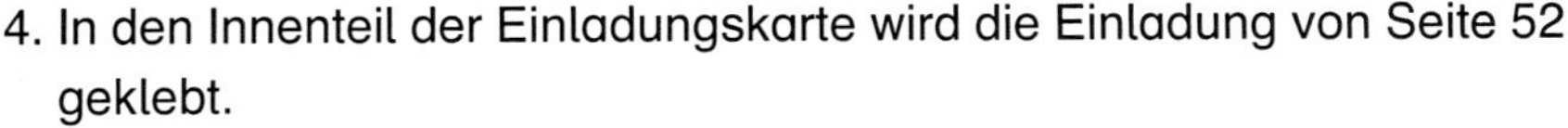

Kreative Ideen mit Naturmaterialien aus dem Wald (ab 3 Jahren)

Material:
zum Beispiel Blätter, Kastanien, Kastanienhüllen, Eicheln, Eichelkäppchen, Bucheckern, unterschiedliche Zapfen, kleine Stöcke, Rinde, Hagebutten, Steine, Nüsse etc., Kleber oder Heißklebepistole, Zahnstocher, Handbohrer, Draht, Schnur

Vorbereitung:
Die Naturmaterialien werden von den Kindern bei einem Waldspaziergang gesammelt.

Arbeitsanleitung:
Im Kindergarten können aus den Naturmaterialien viele unterschiedliche Dinge gestaltet werden, wie zum Beispiel: • Mobiles zum Aufhängen • Tiere und Männchen aus Kastanien • Bilder aus gepressten Blättern • Zapfenmännchen / Zapfenspinne

Hinweise:
Die Naturmaterialien lassen sich am einfachsten mit Heißkleber zusammenkleben.
Dabei kann man sich allerdings leicht die Finger verbrennen! Deshalb dürfen die Kinder die Heißklebepistole niemals alleine und ohne Aufsicht benutzen!
Wenn man Zahnstocher oder Stöckchen in die Kastanien stecken möchte, sollten vorher Löcher hineingebohrt werden (z. B. mit dem Handbohrer).

Wir sammeln um die Wette (ab 3 Jahren)

Material:
4 Kärtchen mit Waldtieren von S. 11, 4 Körbchen, verschiedene Naturmaterialien aus dem Wald (z. B. Kastanien, Eicheln, Zapfen, Blätter, Rindenstücke etc.), akustisches Signal (z. B. Gong)

Vorbereitung:
Die Kärtchen werden so oft kopiert, dass jedes Kind ein Kärtchen ziehen kann. Es sollten vier Gruppen entstehen können.
In jede Ecke des Raumes wird ein Körbchen mit einem anderen Stück Naturmaterial (z. B. einer Kastanie oder einer Eichel etc.) gestellt. Die übrigen Naturmaterialien werden durcheinander im ganzen Raum auf dem Boden verteilt.

Spielmöglichkeit:
Die Kinder werden mit Hilfe der Tier-Kärtchen in vier Gruppen eingeteilt. Alle Füchse (Rehe, Eichhörnchen, Igel o. Ä.) gehen zu einem Körbchen in einer Ecke des Raumes. Das Naturmaterial, das in dem Körbchen liegt, soll die Gruppe nun in das Körbchen sammeln.
Auf ein Signal hin geht das Sammeln los. Die gefundenen Sachen müssen in das Körbchen gelegt werden. Es darf jeweils immer nur **ein** Teil gesammelt und ins Körbchen gelegt werden.
Ertönt ein akustisches Signal (z. B. ein Gong), kehren alle Tiere in ihre Ecke zurück und zählen ihre Ausbeute. Es zählen nur die Teile, die im Körbchen sind.
Welche Gruppe hat am meisten gesammelt?

Suche das Gleiche (ab 3 Jahren)

Material:
2 Stoffsäckchen mit Naturmaterialien in doppelter Ausführung (z. B. 2 Kastanien, 2 Zapfen, 2 Nüsse, 2 kleine Stöckchen, 2 Rindenstücke, 2 Bucheckern, 2 Stücke Moos etc.)

Spielmöglichkeit:
In den zwei Stoffsäckchen befinden sich jeweils die gleichen Naturmaterialien.
Die Kinder nehmen ein Stoffsäckchen. Darin ertasten sie einen Gegenstand und raten, worum es sich dabei handelt. Dann holen sie ihn heraus und sehen nach, ob sie richtig geraten haben.
Nun soll im zweiten Säckchen der gleiche Gegenstand ertastet werden.

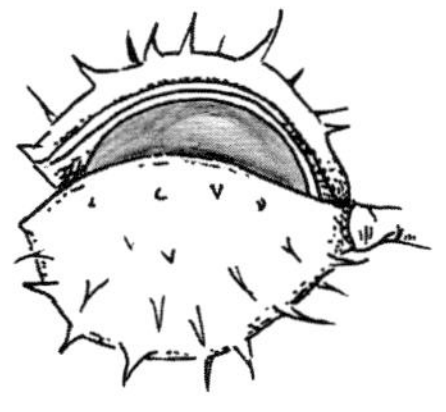

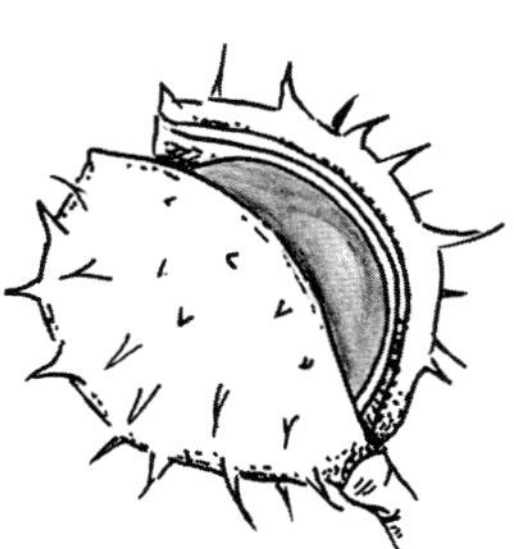

Was fehlt? (ab 3 Jahren)

Material:
Naturmaterialien aus dem Wald oder Waldtier-Spielfiguren

Spielmöglichkeit:
Auf einem Tisch liegen verschiedene Dinge aus dem Wald (oder stehen Waldtier-Spielfiguren).
Ein Kind schaut sich die Dinge auf dem Tisch gut an und merkt sie sich.
Dann dreht es sich um.
Ein anderes Kind entfernt einen der Gegenstände auf dem Tisch.
Das erste Kind dreht sich wieder um und soll erkennen, was fehlt.

Variante:
Noch schwieriger wird es, wenn die übrigen Gegenstände vermischt werden.

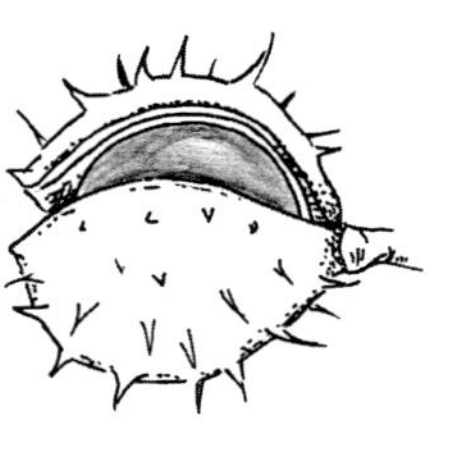

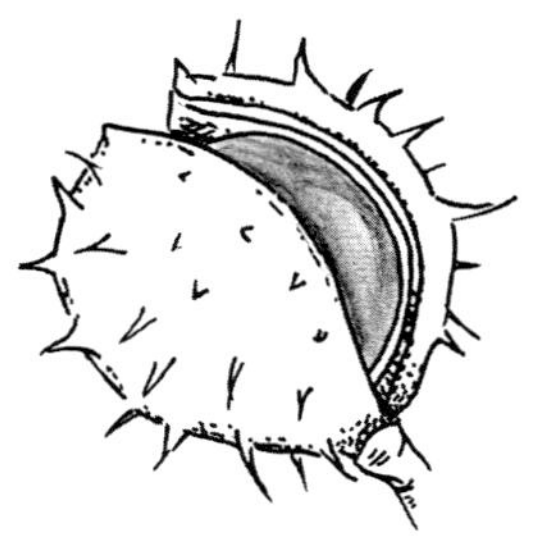

Das gleiche Bild (ab 3 Jahren)

Material:
mehrere Körbchen mit Naturmaterialien aus dem Wald, Tuch

Spielmöglichkeit:
Die Kinder bilden mehrere Gruppen (je 3 bis 4 Kinder). Jede Gruppe bekommt in einem Körbchen die gleichen Naturmaterialien.
Die Erzieherin (oder eine Gruppe) legt mit dem Material ein Muster oder Bild vor. Die anderen Gruppen schauen sich das Bild genau an.
Dann wird das Bild mit einem Tuch zugedeckt. Nun sollen die anderen Gruppen das gleiche Bild nachlegen. Welche Gruppe ist am schnellsten fertig?
Zum Schluss wird das erste Bild wieder aufgedeckt und die Kinder vergleichen, ob alle Bilder gleich aussehen.

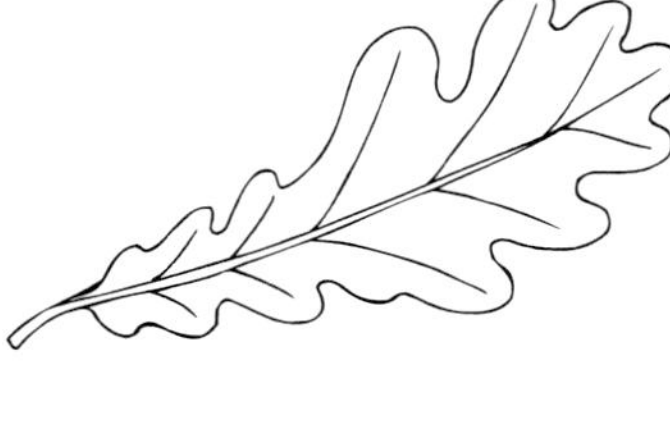

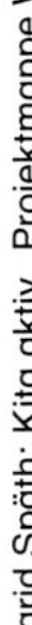
BVK • Ingrid Späth: Kita aktiv „Projektmappe Wald“

Was wird aus Holz hergestellt? (ab 3 Jahren)

Welche Gegenstände sind aus Holz?

Umkreise sie. Male sie an.

Streiche durch, was nicht aus Holz ist.

BVK • Ingrid Späth: Kita aktiv „Projektmappe Wald“

Tischspiel: Die Stockwerke des Waldes (ab 4 Jahren, für 4 Kinder)

Material:
Tierkärtchen (s. S. 11), Kopiervorlage „Die Stockwerke des Waldes" (s. S. 37) und „Waldolo, der Waldschreck" (s. u.), Stifte, Schere, Laminiergerät

Vorbereitung:
Die Kärtchen mit den einzelnen Waldtieren und „Waldolo, dem Waldschreck" (s. u.) werden kopiert, angemalt, ausgeschnitten und laminiert.
Ebenso wird mit den einzelnen Stockwerken des Waldes verfahren.

Wo leben welchen Tiere?

Bodenschicht:	Ameise, Schnecke, Regenwurm, Maus
Krautschicht:	Igel, Hirschkäfer, Wildschwein, Fuchs
Strauchschicht:	Schmetterling, Spinne, Hirsch, Vogel
Baumschicht:	Eule, Specht, Eichhörnchen, Fledermaus

Spielmöglichkeit:
Jedes Kind entscheidet sich für ein Stockwerk des Waldes. Es muss die vier Tiere suchen, die in „seinem" Stockwerk wohnen. Sie sind im Bild versteckt.
Die vier Stockwerke des Waldes werden auf dem Tisch übereinandergelegt.
Die Tierkärtchen und „Waldolo, der Waldschreck" werden verdeckt auf dem Tisch verteilt und gemischt.

Zu Beginn wird der folgende Auszählvers gesprochen:

„Im Wald läuft eine Maus, und du bist raus."

Das Kind, das ausgezählt wurde, beginnt und deckt eine Karte auf. Ist es ein Tier, das zu seinem Waldstockwerk gehört, darf es die Karte behalten. Ist auf der Karte ein Tier aus einem anderen Stockwerk zu sehen, wird die Karte wieder umgedreht und das nächste Kind ist an der Reihe.

Deckt ein Kind „Waldolo, den Waldschreck" auf, muss es eines seiner Tiere wieder zurück in die Tischmitte legen und alle Kärtchen werden durcheinandergemischt.

Das Kind, das als Erstes alle vier Tiere seines Waldstockwerks gefunden hat, ist der Sieger.

Waldolo, der Waldschreck

Kopiervorlage „Die Stockwerke des Waldes“

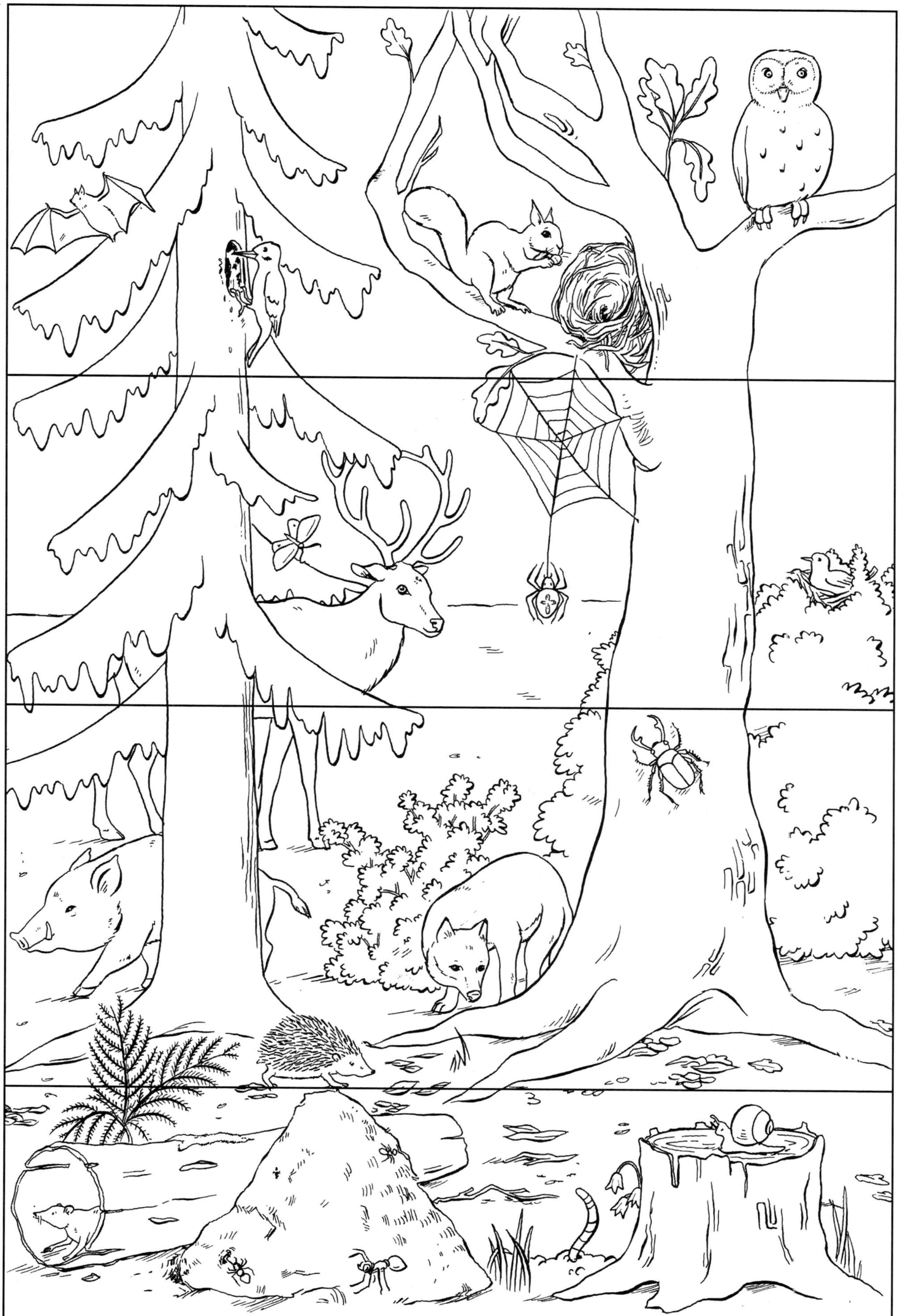

Baumschicht

Strauchschicht

Krautschicht

Bodenschicht

Experiment: Kiefernzapfen öffnen und schließen ihre Schuppen (ab 3 Jahren)

An Kiefernzapfen lässt sich besonders gut beobachten, wie sich Zapfen bei unterschiedlichen Wetterbedingungen verändern.
Bei Sonne und trockenem Wetter öffnen sich ihre Schuppen, bei feuchtem Regenwetter schließen sie sich.

Material:
2 etwa gleich große, geöffnete Kiefernzapfen, 1 Glas Wasser

Arbeitsanleitung:
Betrachten Sie mit den Kindern zwei etwa gleich große, geöffnete Kiefernzapfen. Wenn es regnet, stellen Sie einen der Zapfen in den Regen. Schneller geht es, wenn Sie einen Kiefernzapfen in ein Glas mit Wasser stellen. Nach etwa einer halben Stunde können die Kinder schon beobachten, wie sich die Schuppen des Zapfens langsam zu schließen beginnen.

Hat sich der Kiefernzapfen ganz geschlossen, können die Kinder ihn in die Hand nehmen und mit dem zweiten Zapfen vergleichen. (Der Zapfen sieht nun auch viel kleiner aus.)

Im Zimmer oder in der Sonne können Sie nun den Zapfen wieder trocknen lassen. Er wird seine Schuppen wieder öffnen – das dauert allerdings wesentlich länger als das Schließen der Schuppen im Wasserglas.

Erklärung:
Sind die Kiefernzapfen noch am Baum, sitzen unter ihren Schuppen die Samen. Bei sonnigem, warmem Wetter reifen die Samen und werden vom Wind weitergetragen.
Da die Verbreitung der Samen bei feuchtem Wetter viel schwieriger ist, schließen die Zapfen bei Regen ihre Schuppen.

Ein neuer Baum entsteht (ab 3 Jahren)

Eichhörnchen tragen durch das Vergraben ihrer Futtervorräte dazu bei, dass neue Bäume im Wald wachsen. Denn nicht alle Eicheln, die die Eichhörnchen im Herbst vergraben, finden diese im Winter wieder. Aus solchen „vergessenen" Samen können neue Bäume im Wald wachsen.

Material:
Eicheln aus dem Wald, Erde (aus dem Wald), 1 kleiner Topf mit Wasser, mehrere kleine Blumentöpfe, Schippen, Gießkanne

Arbeitsanleitung:
1. Die Kinder legen einige Eicheln, die sie im Wald gesammelt haben, in einen kleinen Topf mit Wasser.
2. Am nächsten Tag füllen die Kinder mehrere kleine Blumentöpfe mit Erde (am besten mit Erde aus dem Wald) und legen in jeden Topf eine Eichel. Die Eichel sollte mit etwas Erde bedeckt sein.
3. Nun werden die Tontöpfe an verschiedene Orte gestellt:

   a) an einen warmen, dunklen Ort im Gruppenzimmer
   b) an einen kühlen, dunklen Ort (z. B. in den Keller)
   c) in den Kindergartenhof (wo es hineinregnen kann)

> Wichtig ist, dass die Eicheln immer feucht gehalten werden, also sollten die Kinder sie regelmäßig gießen.

4. Die Kinder brauchen nun viel Geduld. In welchem Topf beginnt die Eichel zuerst zu keimen und zu wachsen?

Hinweise:

- Am schnellsten wachsen die Eicheln, wenn die Kinder im Frühling Eicheln suchen, die schon angefangen haben zu keimen.
- Es ist besser, mehrere Töpfe mit Eicheln zu bepflanzen, da nicht sicher ist, dass alle Eicheln auch zu keimen beginnen.

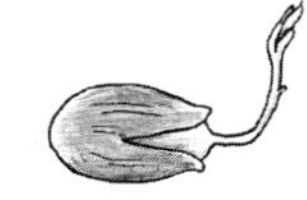

- Eine der gekeimten Eicheln können die Kinder vorsichtig von der Erde befreien, um genau sehen zu können, wie aus einer Eichel ein kleiner neuer Baum entstanden ist.
- Eicheln bilden Pfahlwurzeln, das heißt, diese wachsen, wenn sie genügend Platz haben, gerade nach unten.

Waldspitzensirup (ab 3 Jahren)

Zutaten:
1 kg Nadelbaumspitzen, 1,5 l Wasser, 1 kg Zucker, Zitronensaft

Arbeitsmittel:
1 großer Topf, Geschirrhandtuch, Messbecher, Schraubgläser, Löffel

Vorbereitung:
Im Frühling sammeln wir im Wald die jungen Triebe verschiedener Nadelbäume (Tanne, Fichte, Douglasie). Von jedem Baum nur zwei bis drei frische, hellgrüne Triebe abschneiden, möglichst den Waldbesitzer um Erlaubnis fragen.

Zubereitung:
1 kg frische Nadelbaumtriebe wird in 1,5 Liter Wasser 5 Minuten aufgekocht und über Nacht stehengelassen. Am nächsten Tag wird der Sud durch ein Tuch gesiebt und 1 Liter davon in einen Topf gefüllt. Hinzu gibt man 1 kg Zucker und etwas Zitronensaft und lässt alles ca. eine Stunde köcheln und anschließend abkühlen. Danach wird das Gemisch noch einmal erhitzt und so lange gekocht, bis ein dickflüssiger Sirup entstanden ist. Den Sirup in Schraubgläser füllen und noch heiß verschließen.

Verwendung:
Der Sirup schmeckt gut auf einem Butterbrot und eignet sich als Süßungsmittel für Tee, Müsli, Joghurt etc.

Brennnesselsuppe (ab 3 Jahren, für 8 Kinder)

Zutaten:
500 g frische Brennnesselblätter, 1 Zwiebel, Margarine, 2 große Kartoffeln, Gemüsebrühe, Salz und Pfeffer, ¼ l Sahne oder Milch

Arbeitsmittel:
Messer, Brettchen, 1 großer Topf, Pürierstab, Löffel

Vorbereitung:
Im Wald sammeln wir mit Handschuhen einen Korb voll frischer Brennnesselblätter.
Wichtig: Nur gesunde, frische Blätter sammeln!

BVK • Ingrid Späth: Kita aktiv „Projektmappe Wald“

Zubereitung:
Die Brennnesseln werden gut gewaschen und grob zerkleinert. (Dadurch werden die Brennhaare zerstört.) Die Zwiebel wird kleingeschnitten und in der Margarine glasig gedünstet. Die Kartoffeln werden geschält, in Würfel geschnitten und zu den Zwiebeln gegeben. Alles wird mit Gemüsebrühe abgelöscht und 15 Minuten köcheln gelassen. Dann werden die Brennnesselblätter dazugegeben und 5 Minuten gekocht. Sind die Kartoffeln weich, wird alles zusammen püriert und mit Salz und Pfeffer abgeschmeckt. Zum Schluss wird die Sahne oder Milch untergerührt.

Kräuterquark (ab 3 Jahren)

Zutaten:
500 g Sahnequark, 50 ml Milch, Kräutersalz, kleingeschnittene Kräuter, einige essbare Blüten zum Dekorieren (Gänseblümchenköpfe, Blüten von Wiesenschaumkraut oder Löwenzahn)

Arbeitsmittel:
Messer, Brettchen, Schüssel, Kochlöffel

Vorbereitung:
Die Kinder suchen im Frühling oder im Frühsommer auf der Wiese und im Wald verschiedene Kräuter. Es eignen sich zum Beispiel Löwenzahnblätter, Gundermannblättchen, Spitzwegerich, Knoblauchsrauke, Giersch und einige essbare Blüten.

Zubereitung:
Die Kräuter werden im Kindergarten gewaschen und kleingeschnitten. Der Quark wird mit der Milch glattgerührt und die kleingeschnittenen Kräuter werden untergerührt. Das Ganze wird mit Kräutersalz abgeschmeckt und mit den essbaren Blüten dekoriert.

Tipp:
Der Kräuterquark schmeckt gut auf frischem Brot oder zu Pellkartoffeln.

Hagebutten-Mus (ab 3 Jahren)

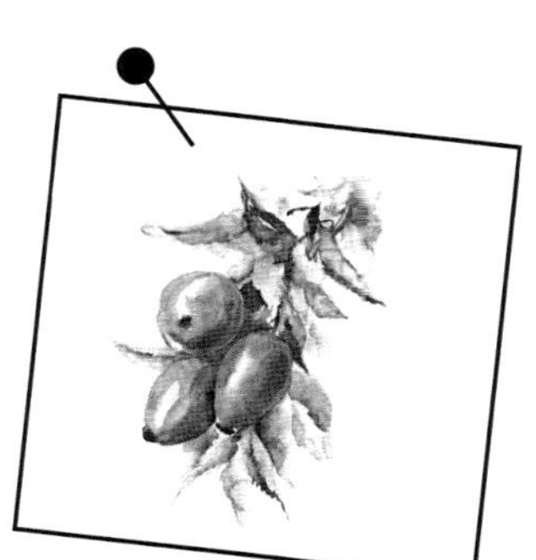

Zutaten:
1 kg Hagebutten, 150 g Honig (oder Zucker), Wasser

Arbeitsmittel:
Messer, Brettchen, Topf, Schüssel, Pürierstab, Einmachgläser

Zubereitung:
Die Hagebutten werden vom Stiel und Blütenansatz befreit und längs halbiert.
Dann werden die Kerne entfernt. Die übriggebliebenen Fruchtschalen werden nun gut gewaschen, in einem Topf mit Wasser bedeckt und über Nacht stehengelassen. Am nächsten Tag werden sie im gleichen Wasser 20 bis 30 Minuten gekocht, bis sie weich sind. Dann werden sie püriert und mit Honig oder Zucker abgeschmeckt.

Hinweise:
Achtung: Hagebutten sind roh nicht genießbar!
Das Hagebutten-Mus hält sich in heiß ausgespülten, verschlossenen Gläsern im Kühlschrank ca. ein bis zwei Wochen. Soll es länger haltbar sein, muss es mit der gleichen Menge Zucker aufgekocht und noch heiß in Einmachgläser gefüllt werden (Zubereitung wie Konfitüre).
Das Hagebutten-Mus schmeckt gut zu Waffeln, Grießbrei oder Milchreis.

BVK • Ingrid Späth: Kita aktiv „Projektmappe Wald"

Pfannkuchen mit Waldbeeren (ab 3 Jahren, für 6 Kinder)

Zutaten:
150 g Mehl, 1 Ei, 1 Prise Salz, 100 ml Milch, 200 g essbare Waldbeeren (Brombeeren, Walderdbeeren, Heidelbeeren), Öl (zum Braten), Salz

Arbeitsmittel:
1 große Rührschüssel, Schneebesen oder Rührgerät, beschichtete Pfanne, Pfannenwender, Teller

Zubereitung:
Aus den Zutaten einen Pfannkuchenteig zubereiten. Dazu Milch, Ei und Salz in eine Schüssel geben, Mehl hinzufügen und mit dem Schneebesen oder Rührgerät zu einem dickflüssigen Teig verrühren.
Die Waldbeeren gut waschen und zum Teig geben.
In einer beschichteten Pfanne Öl erhitzen und die Pfannkuchen darin backen.

Regenwürmer aus Quarkölteig (ab 3 Jahren)

Zutaten:
250 g Quark, ¼ l Milch, 150 g Zucker, 500 g Mehl, 2 Eier, 1 Päckchen Backpulver, 50 ml Speiseöl, 1 TL Zimt und 1 TL Kakao (zum Braunfärben des Teiges), 2 Eier zum Bestreichen der Regenwürmer

Arbeitsmittel:
1 große Schüssel, Backpapier, Backblech, 1 kleine Schüssel, Schneebesen, Pinsel, 1 Teelöffel

Zubereitung:
Alle Zutaten in eine große Schüssel geben und zu einem glatten Teig kneten.
Dann den Teig in viele kleine Portionen teilen.

Jedes Kind formt sich seinen eigenen Regenwurm und legt ihn auf ein Backblech.
Dann werden die Würmer mit verquirltem Ei bestrichen und im Backofen bei 180 °C ca. 15 – 20 Minuten gebacken.

BVK • Ingrid Späth: Kita aktiv „Projektmappe Wald“

Buttergebäck: Bäume und Waldtiere (ab 3 Jahren)

Zutaten:
500 g Mehl, 250 g Butter, 250 g Zucker, 2 Eier, 1 TL Backpulver,
1 Ei zum Bestreichen

Arbeitsmittel:
Ausstechförmchen mit Waldmotiven, 1 große Schüssel, 1 kleine Schüssel, Messer, evtl. Rührgerät, Backpapier, Backblech, Pinsel, Nudelholz, 1 Teelöffel

Zubereitung:
Das Mehl wird mit dem Backpulver in einer Schüssel gemischt. Auf der Arbeitsfläche oder in der Schüssel mit der Butter (in kleinen Stücken), dem Zucker und den Eiern zu einem glatten Teig kneten. Diesen bis zur Weiterverarbeitung ca. 1 Stunde in den Kühlschrank stellen.
Den Teig auf einer mit Mehl bestreuten Arbeitsfläche ausrollen, die Tiere und Bäume ausstechen, auf ein Backblech legen und mit Eigelb bestreichen. Im vorgeheizten Backofen bei 180 °C ca. 10 – 15 Minuten goldbraun backen.

Hinweis:
Ausstechförmchen mit Waldmotiven finden Sie zum Beispiel unter:
https://backfreunde.de/

Waldbeerenpunsch (ab 3 Jahren)

Zutaten:
mehrere Teebeutel (Früchtetee oder Adventstee), ½ l Waldbeerensaft, ½ l naturtrüber Apfelsaft, 1 Päckchen Glühweingewürz oder offene Gewürze (Zimtstangen, Nelken, Sternanis), Honig oder brauner Zucker zum Süßen, Wasser

Arbeitsmittel:
Wasserkocher, Teekanne, große Glasschale, Schöpfkelle

Zubereitung:
1 Liter Wasser kochen und die Teebeutel hineingeben. Wenn der Tee gut durchgezogen ist, ihn mit dem Waldbeerensaft und dem Apfelsaft in der großen Glasschüssel vermischen. Anschließend die Gewürze hinzugeben und ziehen lassen. Etwas süßen und warm servieren.

BVK • Ingrid Späth: Kita aktiv „Projektmappe Wald"

Käfer-Muffins (ab 3 Jahren, für ca. 12 Kinder)

Zutaten:
100 g Butter oder Margarine, 200 g Mehl, 2 Eier, 100 g Zucker, 1 Päckchen Vanillezucker, 1 TL Backpulver, evtl. etwas mehr Milch, verschiedene Glasuren (heller und dunkler Schokoguss, roter Zuckerguss etc.), kleine Schokoküsse (für die Käfer-Köpfe), kleine Schokostäbchen (als Fühler)

Arbeitsmittel:
1 große Schüssel, Rührgerät, 1 kleine Schüssel, Papierförmchen für Muffins, Muffinformen, 1 Teelöffel

Zubereitung:

1. Die Butter, den Zucker und den Vanillezucker schaumig rühren. Dann die Eier hinzugeben und einrühren. Das Mehl mit dem Backpulver mischen und unter die Schaummasse rühren. Ist der Teig zu fest, etwas Milch zugeben.

2. Nun die Papierförmchen in die Muffinformen legen und zu zwei Dritteln mit Teig befüllen. Im Backofen bei 180 °C 20–25 Minuten backen.

3. Die Käfer-Muffins können nun unterschiedlich verziert werden: zum Beispiel mit hellem und dunklem Schokoguss, rotem Zuckerguss etc.

4. Dann wird die Kopiervorlage auf schwarzes Papier übertragen und ausgeschnitten.

5. Jeweils ein Muffin (Körper) und ein Schokokuss (Kopf) werden daraufgestellt und die Schokostäbchen (Fühler) in den Kopf gesteckt.

Kopiervorlage „Käfer-Muffins“

BVK • Ingrid Späth: Kita aktiv „Projektmappe Wald“

Bilder-Kopiervorlagen von Zutaten und Haushaltsgegenständen

Waldspitzensirup:

Brennnesselsuppe:

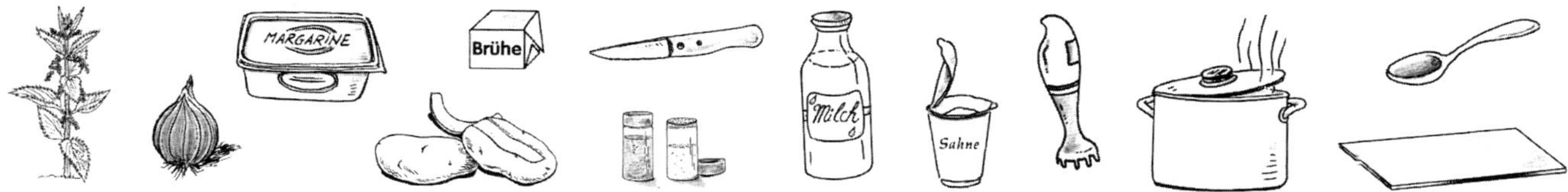

Kräuterquark:

Hagebutten-Mus:

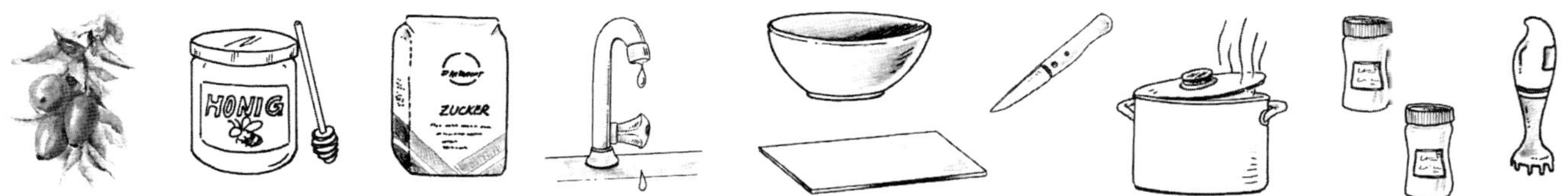

Pfannkuchen mit Waldbeeren:

Regenwürmer aus Quarkölteig:

Waldbeerenpunsch:

Igel und Eichhörnchen (ab 4 Jahren)

Was frisst der Igel ? Was frisst das Eichhörnchen ?

Verbinde richtig.

Zähle die Regenwürmer und die Haselnüsse .

Verbinde sie mit der richtigen Zahl.

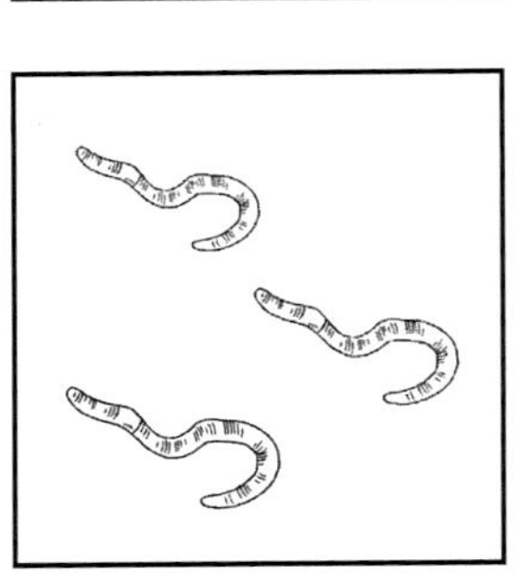

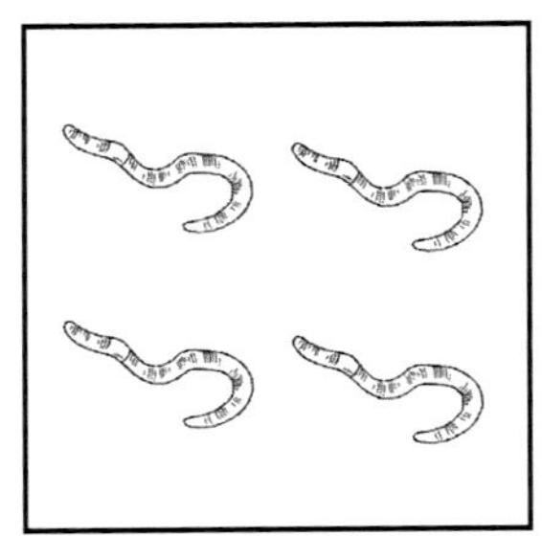

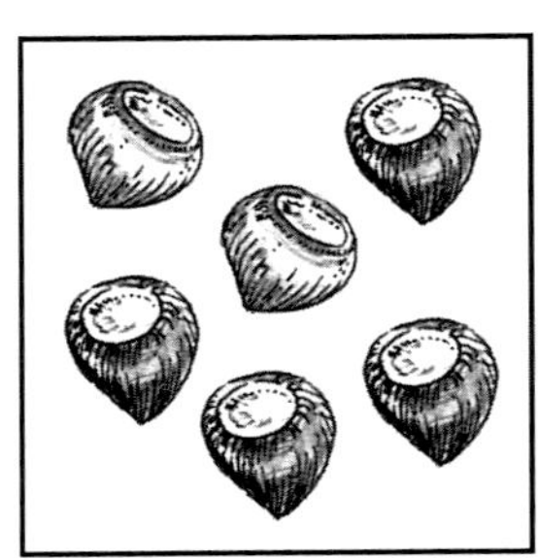

BVK • Ingrid Späth: Kita aktiv „Projektmappe Wald“

Malen nach Zahlen (ab 5 Jahren)

Verbinde die Zahlen von 1 bis 20. Male die Bilder schön aus.

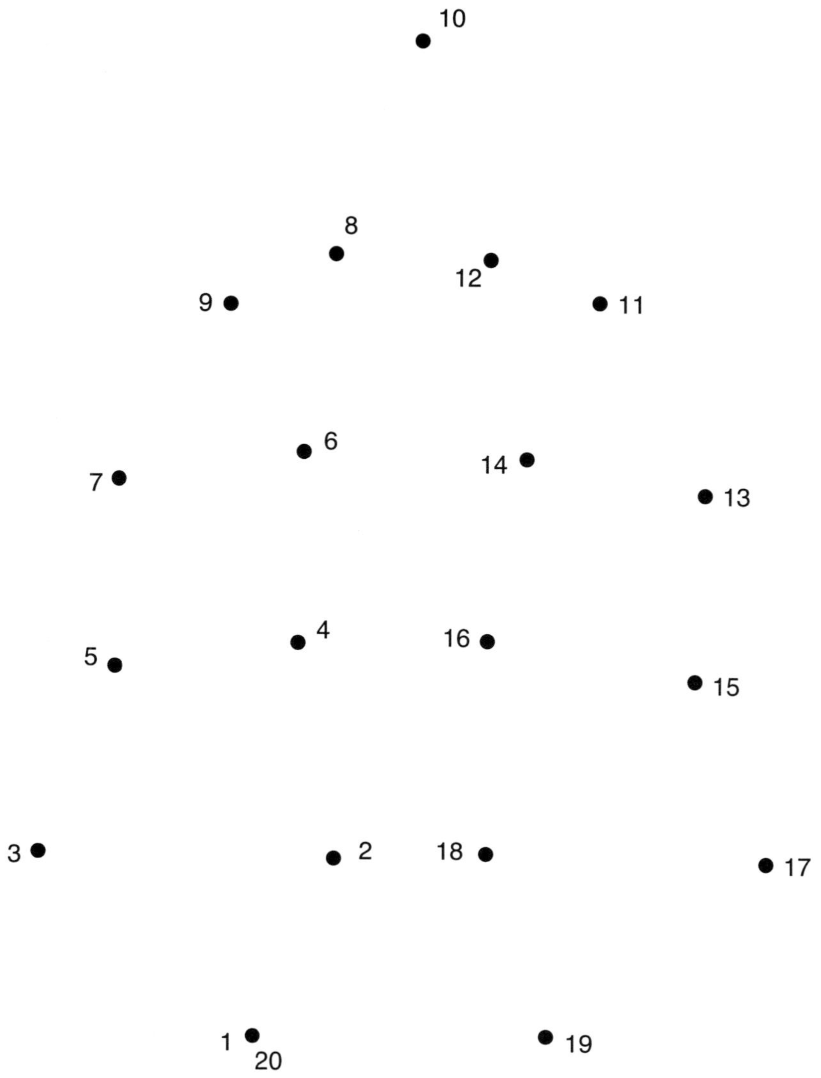

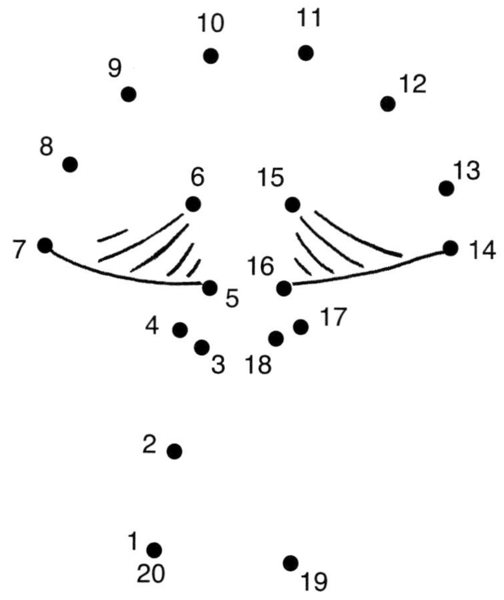

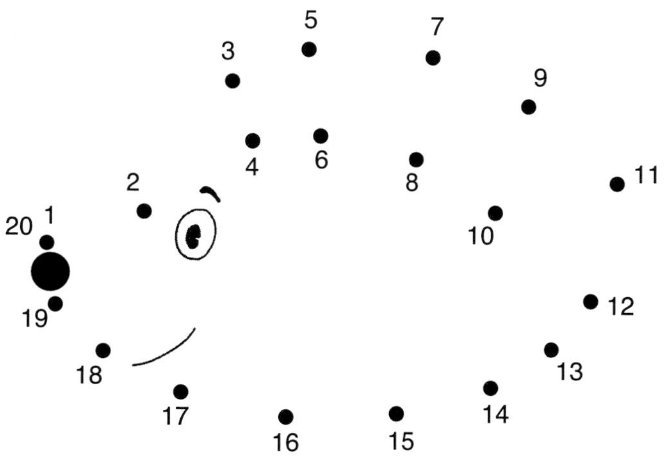

Rechnen mit Pilzen (ab 5 Jahren)

Vorbereitung:
Kopieren Sie die Pilz- und Zahlenkärtchen auf festes Papier und malen Sie sie bunt an. Schneiden Sie dann die Kärtchen aus und laminieren Sie sie – fertig ist ein einfaches Rechenspiel.

Spielmöglichkeit:
Die Kärtchen mit den Rechnungen werden gemischt und verdeckt auf einen Stapel gelegt. Die Kärtchen mit den Pilzen werden offen auf den Tisch gelegt. Der erste Spieler zieht nun ein Rechen-Kärtchen vom Stapel und liest die Rechnung laut vor. Dann sucht er das passende Kärtchen mit der richtigen Lösungsmenge. Findet das Kind die richtige Lösung nicht auf Anhieb, darf es dies noch einmal versuchen oder die Erzieherin hilft ihm beim Zählen. Dann kommt das nächste Kind an die Reihe.

Variante:
Die Erzieherin deckt ein Rechen-Kärtchen auf. Wer findet am schnellsten die Lösungskarte?

Kopiervorlage „Rechnen mit Pilzen“ (1)

1 + 3	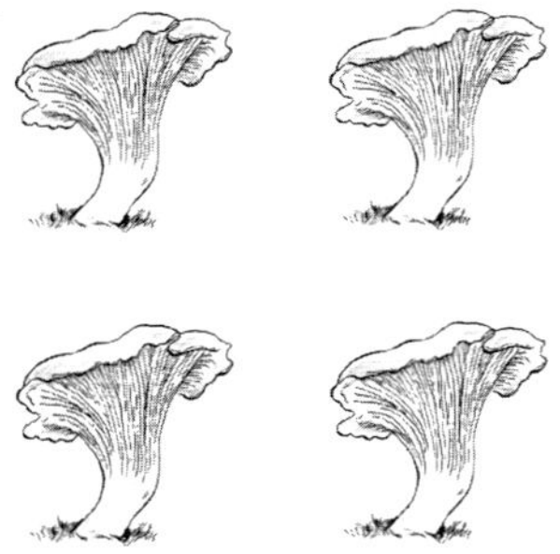	2 + 2
	1 + 2	
2 + 1		1 + 1

Kopiervorlage „Rechnen mit Pilzen“ (2)

2 + 3		
	4 + 1	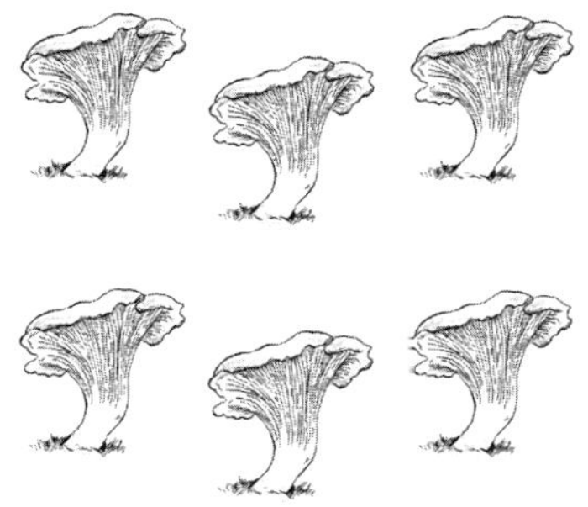
3 + 3	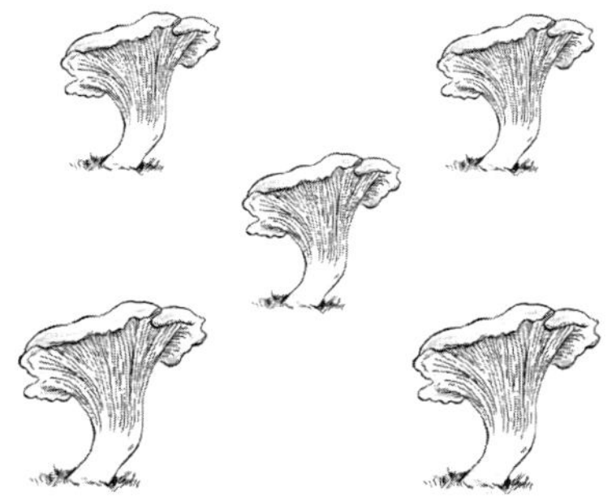	4 + 2
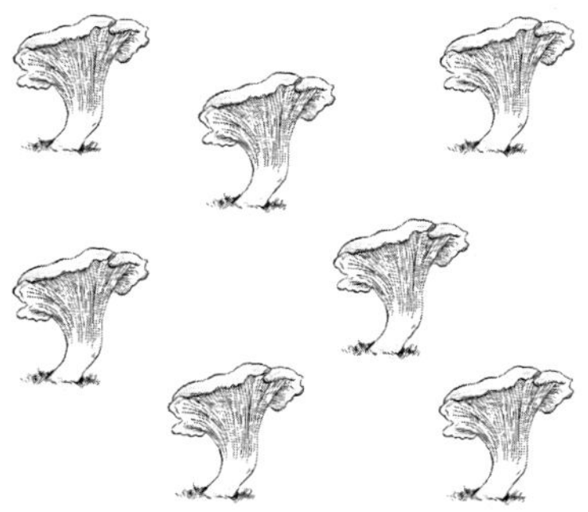	5 + 2	
4 + 4		3 + 4

Wir feiern ein Tannenbaum-Fest (1) (ab 3 Jahren)

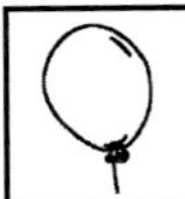

Der immergrüne Tannenbaum ist ein Symbol der Hoffnung. Es bietet sich an, ihn in der Vorweihnachtszeit in den Mittelpunkt einer Feier zu rücken.

Vorbereitungen:

- **Einladungen** für die Familien basteln (s. Kopiervorlagen „Einladungskarte", S. 32, „Einladung", S. 52)
- **Tannenbaum-Laternen** für den Tanz basteln (s. S. 26/27)
- **Tanz** einüben (s. S. 64)
- **Gedicht** auswendig lernen (s. S. 51)
- **Liedblatt** für die Eltern vorbereiten („O Tannenbaum" und Gebet, s. S. 51 unten)
- **Lieder üben**
- **Weihnachtsplätzchen backen,** zum Beispiel mit Waldmotiven (s. S. 43)
- **Tischdekoration** im Wald suchen, basteln oder besorgen:
  - Naturmaterial aus dem Wald sammeln: Tannenzweige, verschiedene Zapfen, Eicheln, Bucheckern, Hagebutten etc.
  - Bäume oder Waldtiere aus Bienenwachsplatten ausstechen
  - Waldtiere aus Holz (aus der Bauecke) suchen
  - Bienenwachsteelichter in Gläser stellen
  - grüne Servietten kaufen

Vorbereitungen am Tag selbst:

- Waldbeerenpunsch zubereiten (Rezept s. S. 43)
- Gebäck auf Tellern anrichten
- Tische dekorieren
- Material für die Stilleübung anrichten: Tannenzweige, Zapfen, Rinden- oder Holzsterne, getrocknete Hagebutten, Eicheln etc.
- vier große Kerzen (evtl. aus Bienenwachs) bereitstellen
- CD-Player und ruhige, besinnliche Musik bereitstellen
- Tannenbaumlaternen aufstellen (mit Streichhölzern zum Anzünden)

Bei den Vorbereitungen für das Fest können die Kinder in mehrere Gruppen eingeteilt werden, welche für verschiedene Dinge zuständig sind. So zum Beispiel eine Gruppe für das Backen, eine Gruppe für die Tischdekoration, eine Gruppe für den Tanz, eine Gruppe für den Punsch etc.
Für das Tannenbaumfest sollten möglichst zwei Räume zur Verfügung stehen. In einem Raum werden die Tische aufgestellt und geschmückt, im zweiten Raum wird ein großer Stuhlkreis errichtet.

Schön ist es, wenn das Fest am späten Nachmittag oder gegen Abend stattfinden kann, damit es draußen nicht mehr so hell ist und die Kinder vielleicht mit beiden Elternteilen teilnehmen können.

Wir feiern ein Tannenbaum-Fest (2) (ab 3 Jahren)

Ablauf der Feier:
Die Erzieherin begrüßt die Eltern zum vorweihnachtlichen Tannenbaumfest.

1. Begrüßungslied:
Die Kinder begrüßen ihre Eltern mit einem Lied.
(z. B. „Wir feiern heut ein Fest" oder „Hallo, hallo, schön, dass ihr da seid.")

2. Gedicht vom Tannenbaum:
Der Tannenbaum im Walde spricht: „Seht her, mein Grün verlässt mich nicht."
Ist immer kräftig frisch und neu, so ist uns Gott auch immer treu.

3. Tanz mit den Tannenbaumlaternen

4. Lied: „O Tannenbaum"

5. Bewegungsspiel:
„Die Bäumlein im Wind" (s. S. 19) oder „Wir gehen durch den großen Wald"

6. Stille Übung: Adventskranz legen:

- Im Hintergrund erklingt leise, besinnliche Musik.
- Körbe mit verschiedenem Material werden herumgegeben, jeder nimmt sich etwas heraus. Es soll dabei möglichst nicht gesprochen werden.
- Zuerst wird aus den Tannenzweigen ein Kreis (Adventskranz) auf den Boden gelegt.
  Die Erzieherin leitet das Adventskranzlegen an, indem sie immer einen Teil der Kinder und Eltern auffordert, ihr Material leise in die Mitte des Kreises zu legen. (z. B.: „Zuerst kommen alle Mädchen, die sich einen Tannenzweig ausgesucht haben, dann die Väter." etc.)
- Liegen alle Zweige in der Kreismitte, werden die vier Kerzen dazugestellt und anschließend die übrigen Materialien auf die Tannennadeln gelegt, um den Kranz zu schmücken.
- Zum Schluss werden die Kerzen angezündet.
- Alle sind ganz leise und lassen das Bild des Adventskranzes in der Mitte eine Weile auf sich wirken.

7. Gebet zum Abschluss:
Zum Gebet stehen alle auf und halten sich an den Händen.

1. Der Tannenzweig soll Zeichen sein, dass auch in kalter Zeit
die Hoffnung grünt, weil Jesus kommt.
Er wendet Not und Leid von uns.
2. Die Kerzen am Adventskranz,
sie leuchten hell und warm, sie machen das Dunkel schön.
Du, Jesus Christus, bist das Licht der Welt.
Mach es hell und warm in der Welt,
auch in unserer Familie, auch in mir.
Amen.

8. Gemütlicher Abschluss mit Adventspunsch und Gebäck.

Einladung

„O Tannenbaum, o Tannenbaum ...“

Liebe Eltern,

wir laden Sie alle ganz herzlich zu einer kleinen vorweihnachtlichen Feier in den Kindergarten ein.

Die Feier findet am ______________________

um __________ Uhr im __________________ statt.

Im Mittelpunkt unserer Feier wird der immergrüne Tannenbaum stehen. Die Kinder stecken schon mitten in den Vorbereitungen und freuen sich sehr auf Ihren Besuch.

Mit einem kleinen gemeinsamen Programm und anschließendem gemütlichen Beisammensein bei Punsch und Gebäck möchten wir uns gemeinsam mit Ihnen und Ihren Kindern auf die Weihnachtszeit einstimmen.

Bitte teilen Sie uns mit, mit wie vielen Personen Sie kommen werden.

☐ Wir nehmen mit ________ Personen an der Feier teil.

☐ Wir können leider nicht kommen.

____

Datum und Unterschrift

Kopiervorlage „Tannenbaum“

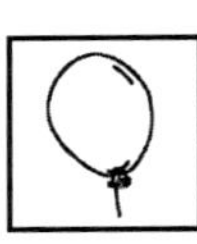

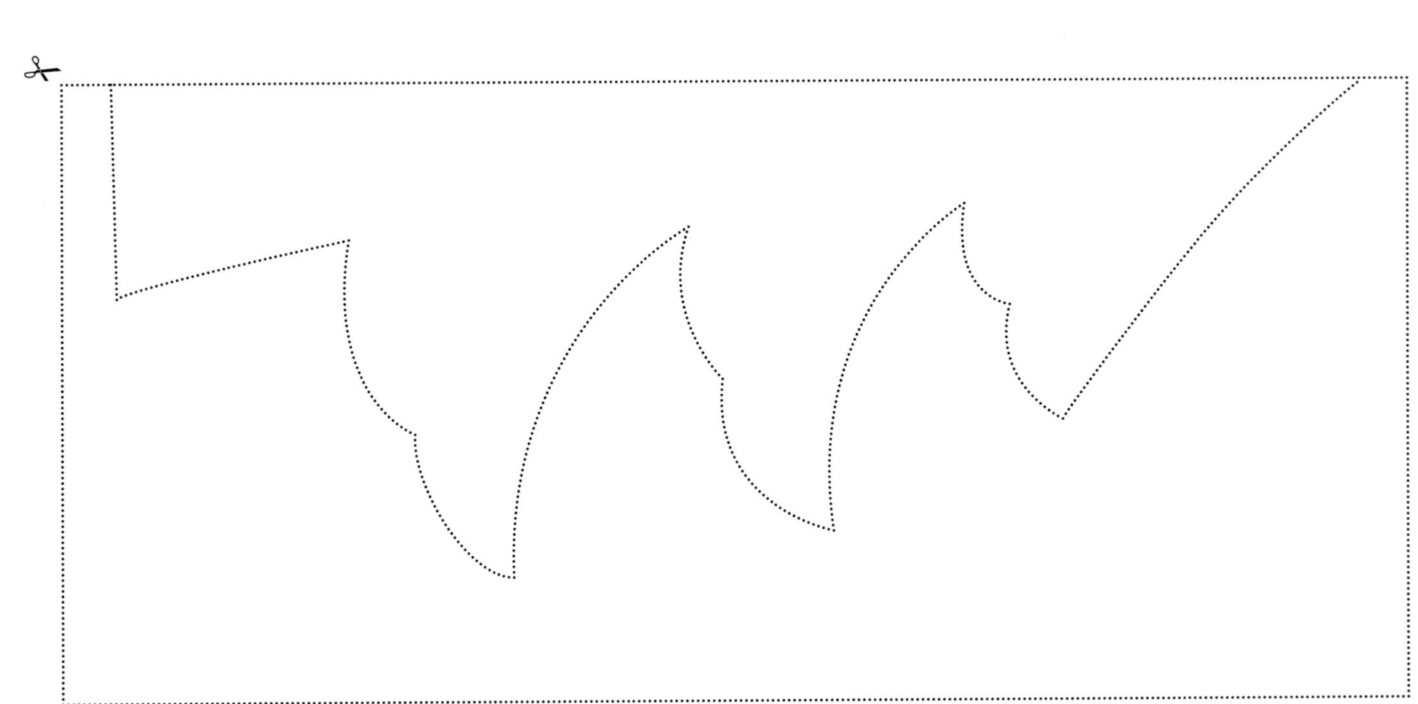

BVK • Ingrid Späth: Kita aktiv „Projektmappe Wald“

Ein Käfer-Fest für die Jüngsten (1) (ab 2 Jahren)

Vorbereitungen:
- Lernen der Käfer-Spiele und -Lieder
- Basteln: Käfer-Kostüme (s. S. 31) und Krabbelkäfer (s. S. 28) (evtl. Raumdekoration)
- Backen: Käfer-Muffins (Rezept s. S. 44)
- Käfer-Stempel oder -Aufkleber besorgen (Erzieherin)
- Materialien für die Käfer-Rallye bereitstellen (Käferschachteln mit Aufgaben, Stifte und Papier zum Malen, Bilder mit mehreren (Marien-)Käfern

Der Ablauf des Festes:
Wer möchte, darf sich als Käfer verkleiden und ein Käferkostüm anziehen.

1. Käferlied:
(Melodie: „Alle Vögel sind schon da“)

Alle Käfer sind schon da, alle Käfer, alle.
Rot gepunktet, schwarz und braun, manchmal glänzend anzuschaun.
Krabbeln hin und krabbeln her, hier im grünen Walde.

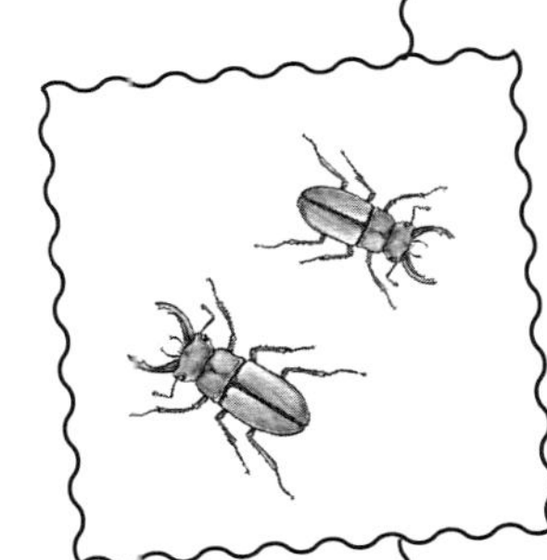

Alle Käfer bleiben stehn, was gibt's zu entdecken?
Schauen hin und schauen her, drehn sich um, das ist nicht schwer.
Futter gibt es überall, hier im grünen Walde.

2. Fingerspiel: Der Marienkäfer und die Läuse

Seht die vielen kleinen Läuse auf dem grünen Blatt,	*linke Hand ausstrecken – Handfläche nach oben, Blick zum „Blatt“*
fressen viele kleine Löcher, sind sie nicht bald satt?	*Finger der rechten Hand „krabbeln“ über die linke Hand = fressen*
Doch ein kleiner, roter Käfer wird sie gleich entdecken,	*rechte Hand an die Stirn legen, im Raum herumschauen*
kommt zum grünen Blatt geflogen, weil ihm Läuse schmecken.	*mit den Armen Flugbewegungen machen, mit der Hand über den Bauch streichen*
Großen Hunger hat der Käfer, vertilgt die Läuse Stück für Stück	*Finger beider Hände abwechselnd zum Mund führen = Fressbewegungen machen*
und fliegt, sobald er satt genug ist, in sein Versteck zurück.	*mit der Hand über den Bauch streichen, mit den Armen Flugbewegungen machen*

© Ingrid Späth

3. Gedicht: Ein Käfer mit sechs Beinen (s. S. 16)

4. Spiellied: Ein kleiner Krabbelkäfer (s. S. 23)

5. Käfer-Rallye:
In einer Käferschachtel (Bastelanleitung s. S. 31) befinden sich Zettel mit verschiedenen Aufgaben, Fragen und Rätseln, welche die Kinder lösen sollen.
Ein Kind zieht einen Zettel und die Erzieherin liest die Aufgabe vor.
Kann das Kind diese nicht allein lösen, sucht es sich ein anderes Kind aus,

Ein Käfer-Fest für die Jüngsten (2) (ab 2 Jahren)

das ihm helfen darf. Wer eine Aufgabe gelöst hat, bekommt einen Käfer-Stempel oder -Aufkleber auf die Hand.
Haben die Kinder alle Aufgaben gelöst, gibt es für jedes Kind als Belohnung einen Käfer (gebastelt oder aus Schokolade).

Rätsel für die Käfer-Rallye:

- Er fliegt und ist kein Vogel, er brummt und ist kein Bär; frisst Laub wie eine Ziege, fliegt nur im Mai daher. *(Maikäfer)*
- Ich hab ein rotes Röckchen an, mit vielen schwarzen Punkten dran. *(Marienkäfer)*
- Finde den Reim: Der Käfer sich am Grashalm hält, damit er nicht hinunter … *(fällt)*

Aufgaben für die Käfer-Rallye:

- Krabble wie ein Käfer über die Bank.
- Krieche wie ein Käfer unter dem Stuhl hindurch.
- Pumpe deine Flügel auf und fliege eine Runde im Kreis.
- Male einen Käfer.
- Lege dich auf den Rücken und strample wie ein Käfer mit den Beinen.
- Lasse deine Finger wie ein Käfer über deinen Arm krabbeln.
- Finde im Zimmer etwas, das so rot ist wie ein Marienkäfer.
- Klatsche das Wort Käfer. Wie viele Silben hat das Wort?

Fragen für die Käfer-Rallye:

- Wie viele Beine hat ein Käfer? *(sechs)*
- Was frisst ein Mistkäfer? *(Mist)*
- Vor welchen Tieren müssen sich Käfer in Acht nehmen? (*Vogel, Igel, Dachs*)
- Was frisst ein Marienkäfer gerne? *(Blattläuse)*
- Welches Wort reimt sich auf Käfer? *(Schäfer)*
- Wo wachsen die Fühler eines Käfers? *(am Kopf)*
- Wie viele Käfer sind auf dem Bild zu sehen?
- Wie viele Punkte hat dieser Käfer?

6. Abschluss:
Nach der Käfer-Rallye essen wir gemeinsam die Käfer-Muffins.

Die im Vorfeld gebastelten Krabbel-Käfer auf dem Blatt dürfen die Kinder heute mit nach Hause nehmen.

BVK • Ingrid Späth: Kita aktiv „Projektmappe Wald“

Finde den richtigen Weg (ab 3 Jahren)

Fahre die Linien in verschiedenen Farben nach.

Was gehört zusammen? (ab 4 Jahren)

Schneide die Kärtchen aus und sortiere sie.
Welche Frucht gehört zu welchem Blatt?

Klebe immer zwei zusammengehörende Bilder nebeneinander auf ein Blatt.

Male dann die Blätter, Nadeln und Baumfrüchte an.

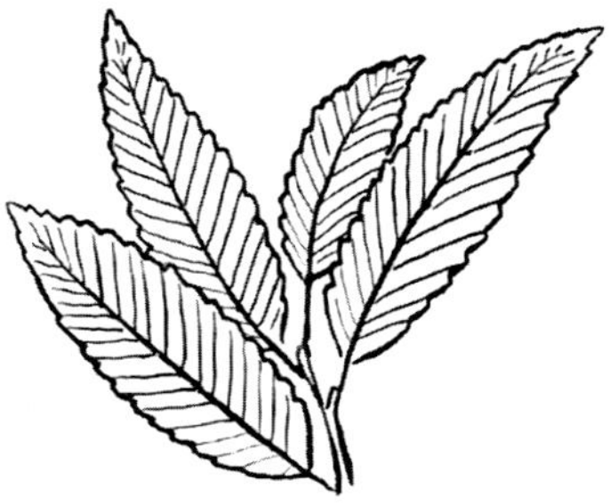

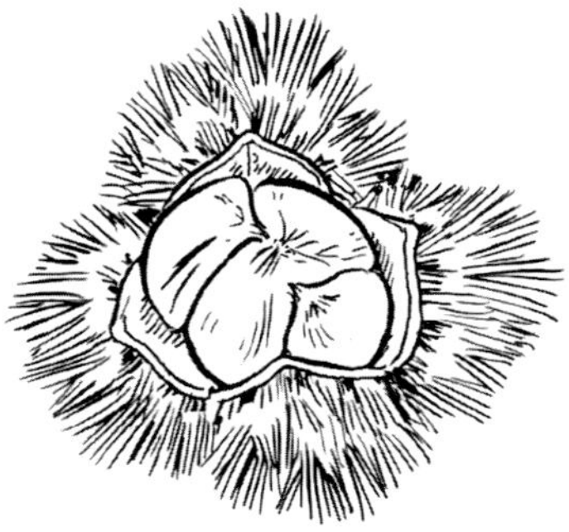

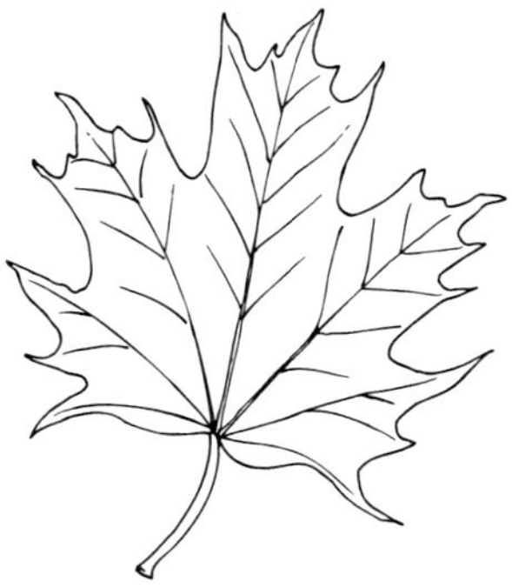

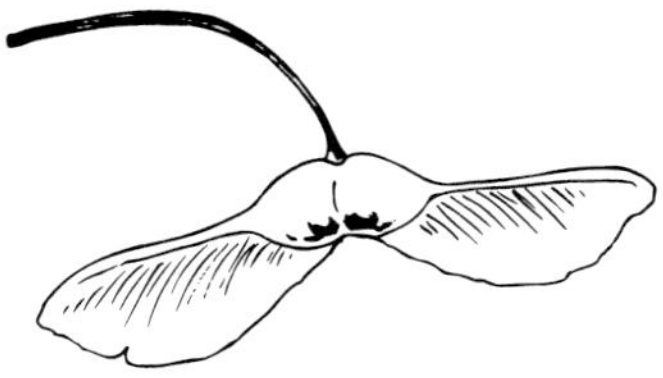

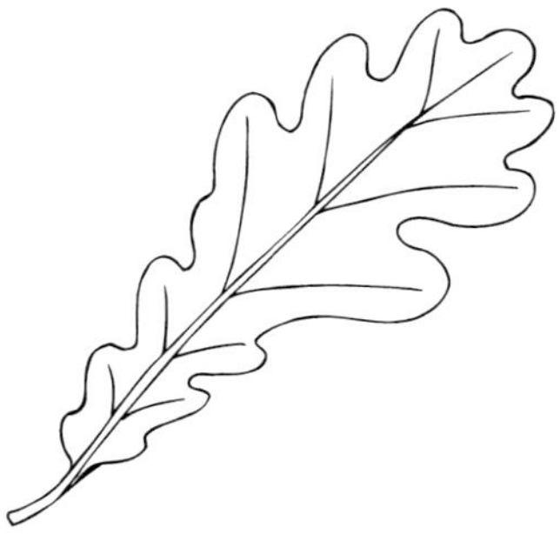

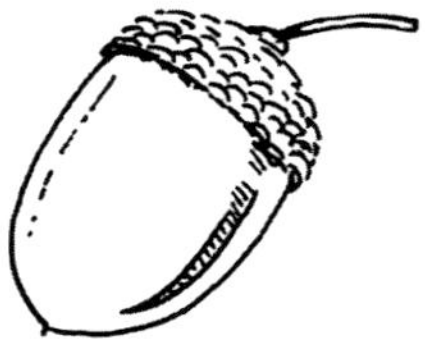

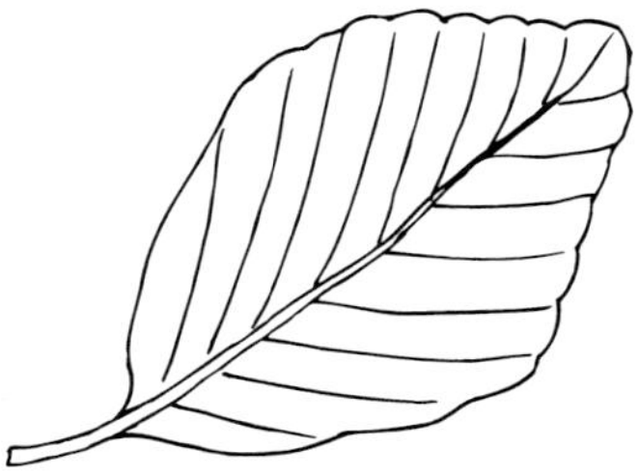

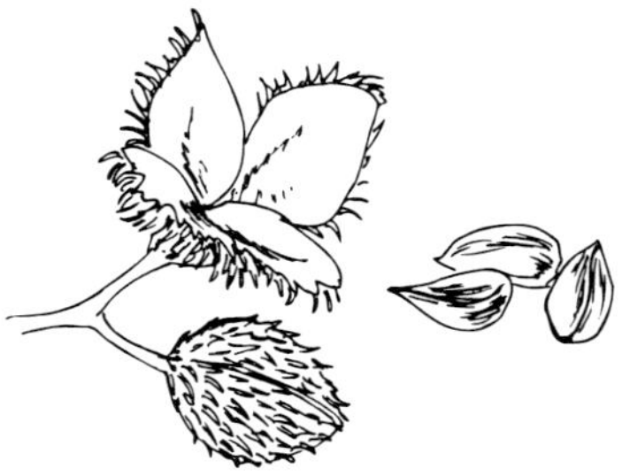

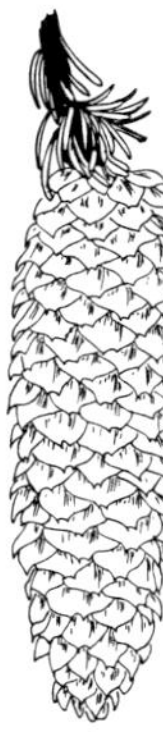

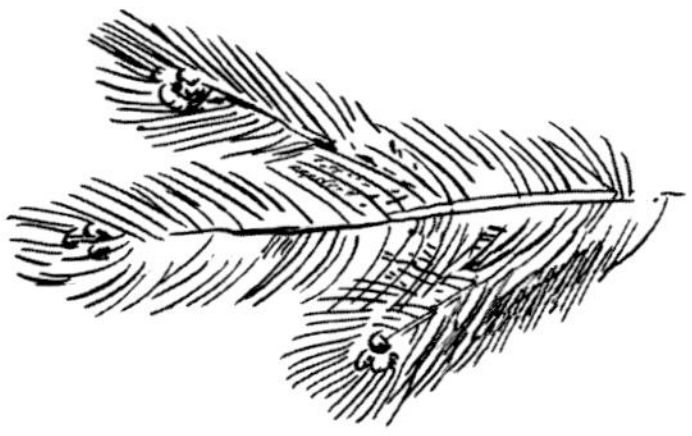

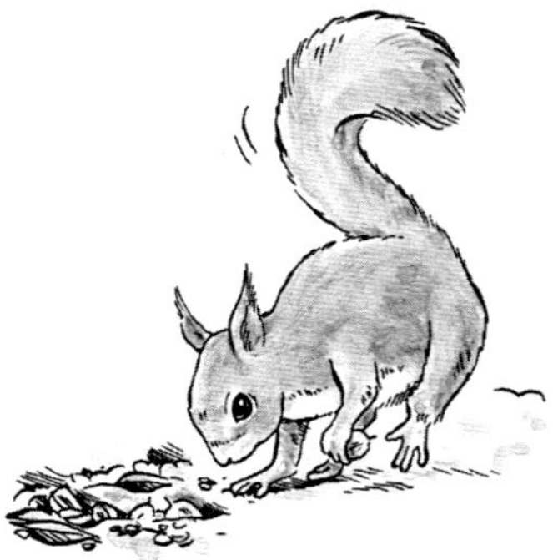

Welche Blume passt nicht? (ab 3 Jahren)

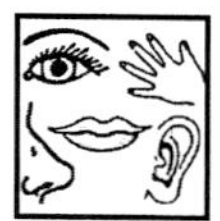

Streiche die nicht passende Blume in jeder Reihe durch.
Male die gleichen Blumen in jeder Reihe naturgetreu an.

Leberblümchen

Veilchen

Schlüsselblume

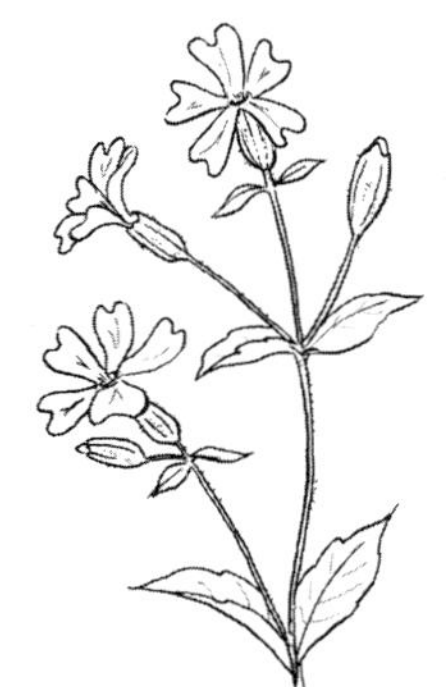

Rote Lichtnelke

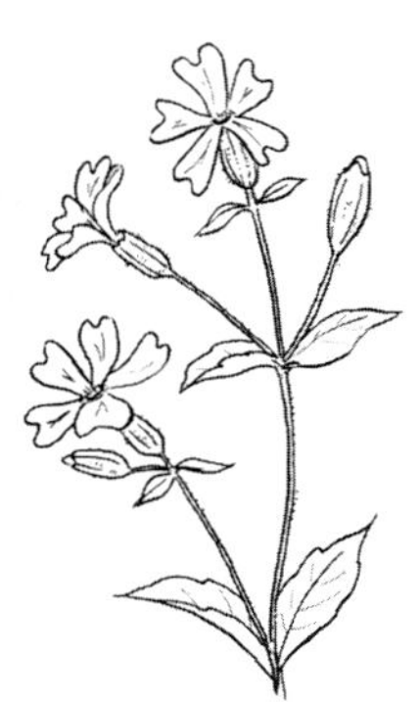

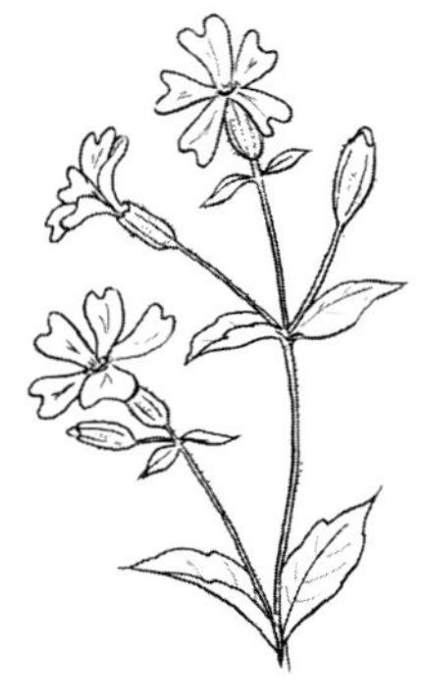

Entspannungsgeschichte: „Im Wald“ (ab 3 Jahren)

Material:
Decken, evtl. CD-Player, (Wald-)Meditationsmusik

Spielmöglichkeit:
Die Kinder legen sich bequem auf eine Decke auf den Boden und schließen die Augen. Die Erzieherin liest die Geschichte langsam mit ruhiger Stimme vor. Dazu kann im Hintergrund leise (Wald-)Meditationsmusik laufen. Während die Geschichte vorgelesen wird, macht die Erzieherin immer wieder kurze Pausen, um den Text auf die Kinder wirken zu lassen.

Legt euch ganz bequem hin und schließt eure Augen. Öffnet euer Herz und eure Ohren und lauscht der Geschichte.

Stellt euch vor, ihr liegt auf einem wunderbar weichen Moosbett mitten im Wald. Spürt, wie warm und weich sich das Moos unter eurem Körper anfühlt. Ihr liegt ganz schwer auf dem Waldboden und euer Körper sinkt tief in das weiche Moos ein. Ihr spürt euren Atem, ihr atmet ein und aus, eure Brust hebt und senkt sich dabei.

Ihr liegt auf einer grünen, ruhigen Waldlichtung. Die Sonnenstrahlen berühren euren Körper und wärmen euch. Spürt die warmen Sonnenstrahlen auf eurer Haut. Um euch herum wachsen viele Bäume: Tannen, Fichten, Eichen und Buchen. Sie sorgen dafür, dass es hier im Wald nicht zu heiß wird. Ganz in eurer Nähe blühen wunderschöne Blumen: weiße Buschwindröschen, die wie kleine, weiße Sterne aussehen, und duftende violette Veilchen – sie verströmen einen lieblichen Duft.

In der großen Eiche hat ein Eichelhäher sein Nest gebaut. Daneben in der Brombeerhecke sitzt ein Zilpzalp. Hört, wie lustig es klingt, wenn der Zilpzalp sein Lied für euch singt.
Nicht weit entfernt von eurem weichen Moosbett fließt ein Bach durch den Wald. Spitzt eure Ohren, benutzt sie zum Lauschen, dann hört ihr das Wasser des Baches rauschen. Die Rehe kommen vorbei, um von dem kühlen Wasser zu trinken. Dann grasen sie ganz in eurer Nähe auf der Waldlichtung. Hier wächst besonders saftiges Gras. Ihr liegt ganz ruhig und leise, um die Rehe beim Grasen nicht zu stören.
Spürt ihr noch das weiche Moos unter eurem Körper? Eure Arme und Beine sind immer noch ganz schwer. Ihr spürt euren Kopf, die Schultern, den ganzen Rücken. Euer ganzer Körper sinkt im weichen Moos tief ein. Euer Atem geht ruhig und gleichmäßig.

So leise, wie die Rehe auf der Waldlichtung aufgetaucht sind, sind sie auch wieder verschwunden. Die Sonne schickt noch immer ihre wärmenden Strahlen durch die Bäume. Die Blumen verströmen ihren lieblichen Duft und auch das Rauschen des Baches ist noch immer zu hören.

Ganz langsam wollen wir nun die Stille des Waldes verlassen. Reckt euch, streckt euch, bewegt eure Arme und Beine und öffnet langsam wieder eure Augen.

BVK • Ingrid Späth: Kita aktiv „Projektmappe Wald“

Wahrnehmungsspiele mit Zapfen (ab 4 Jahren, für 8 bis 12 Kinder)

Material:
2 Stofftücher, 1 Korb, mehrere Zapfen und Bilder verschiedener Zapfenarten zum Beispiel Kiefernzapfen, Fichtenzapfen, Lärchenzapfen und Douglasienzapfen (s. u. Kopiervorlage „Zapfen")

Vorbereitung:
Ein Stuhlkreis wird aufgebaut. In die Mitte wird ein großes Tuch gelegt. Die unterschiedlichen Zapfen werden in den Korb gelegt und mit einem Tuch verdeckt.

Spielmöglichkeit:

1. Die Kinder schließen die Augen und formen die Hände zu einer Schale. Die Erzieherin legt nun jedem Kind einen Zapfen in die Hände.
   Die Kinder betasten den Zapfen, dürfen aber nicht sprechen. Erst wenn alle Kinder einen Zapfen in der Hand haben, sagt die Erzieherin, dass die Kinder die Augen wieder öffnen dürfen.

2. Auf die Frage: „Was habt ihr in der Hand?" werden die Kinder ziemlich sicher antworten: „einen Tannenzapfen".
   Daraufhin erklärt die Erzieherin: „Ihr habt alle einen Zapfen in der Hand – aber keinen Tannenzapfen."

3. Die Kinder nehmen den Zapfen nun mit mehreren Sinnen war. Sie schauen ihn genau an, riechen an ihm und ertasten ihn. Die Kinder vergleichen ihren Zapfen mit den Zapfen der Kinder, die neben ihnen sitzen. Sehen alle Zapfen gleich aus? Worin unterscheiden sich die einzelnen Zapfen?

4. Die Erzieherin zeigt den Kindern einen Kiefernzapfen und sagt: „Ich habe hier einen Kiefernzapfen, wer hat einen Zapfen in der Hand, der genau so aussieht?" Die Kinder beschreiben, wie ein Kiefernzapfen aussieht und legen ihre Kiefernzapfen auf das Tuch in der Mitte des Kreises.

5. Auf die gleiche Weise wird mit den weiteren Zapfenarten verfahren, bis alle Zapfen in der Mitte liegen.

6. Die Erzieherin legt nun Bilder der verschiedenen Zapfen in die Kreismitte. Die Kinder ordnen die Zapfen den passenden Bildern zu.

Und wie sieht denn nun ein Tannenzapfen aus?

7. Die Erzieherin liest das folgende Gedicht vom Tannenzapfen vor und bespricht mit den Kindern, dass Tannenzapfen nicht im Ganzen auf den Boden fallen, sondern in einzelnen Schuppen.

Tannenzapfen findest du niemals auf dem Boden,
denn sie stehen auf dem Zweig, zeigen stets nach oben.
Ihre Samen lassen sie einzeln runterfallen,
den kleinen Tieren dort im Wald soll das sehr gefallen.

Kopiervorlage „Zapfen"

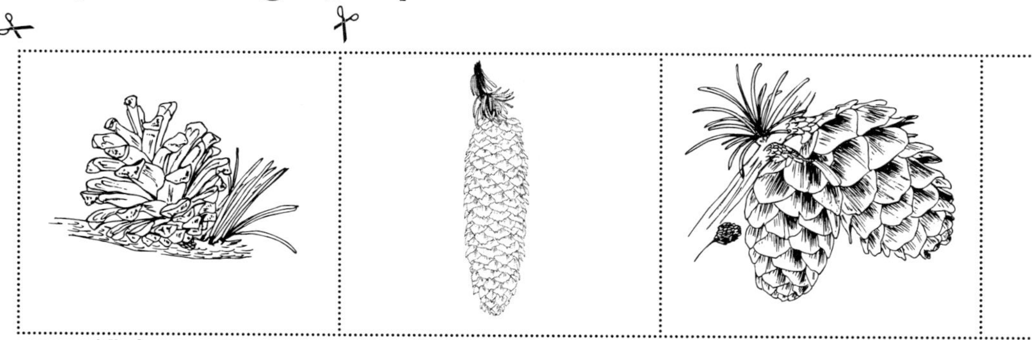

Kiefernzapfen | Fichtenzapfen | Lärchenzapfen | Douglasienzapfen

Wir legen einen Tannenbaum (ab 3 Jahren, für 8 – 12 Kinder)

Material:
mehrere Fichten- und Tannenzweige, 2 Körbe, 3 (evtl. grüne und /oder braune) Stofftücher, Baumrinde, Zapfen, Moos, CD-Player, ruhige Musik

Vorbereitung:
Die Fichten- und Tannenzweige werden in einen Korb gelegt, die übrigen Naturmaterialien in den anderen. Die Stühle werden in einen Stuhlkreis gestellt.

Spielmöglichkeit:
Die Erzieherin zeigt den Kindern einen Tannenzweig und einen Fichtenzweig.
Die Zweige werden mit der Aufgabe im Kreis herumgegeben, genau hinzuschauen, worin sich die beiden Zweige unterscheiden.

Info:
Fichten und Tannen kann man an ihren **Nadeln** unterscheiden.

Tannennadeln sind flach und haben keine spitzen Enden. Die Oberseite ist oben dunkelgrün, die Unterseite ist hell mit einem Strich in der Mitte. (Dies sieht man besonders gut, wenn man zwei Tannenzweige, einen mit der Oberseite und einen mit der Unterseite, nebeneinanderlegt.)

Fichtennadeln sind rund und spitz.

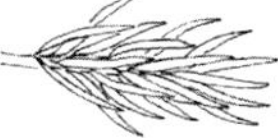

Waldweisheit: „Die Fichte sticht – die Tanne nicht!“

Jedes Kind darf sich dann einen kleinen Zweig aus dem Korb holen und ihn genau untersuchen (anschauen, fühlen, riechen).
Die Kinder sortieren die Zweige auf zwei Tücher, auf ein Tuch legen sie die Tannenzweige, auf das andere Tuch die Fichtenzweige.

In dem anderen Korb liegen die Rindenstücke, das Moos und die Zapfen.
Jedes Kind holt sich ein Naturmaterial aus dem Korb. Die Kinder untersuchen mit allen Sinnen, was sie sich ausgesucht haben, und beschreiben es anschließend den andern Kindern der Gruppe.

Wie sieht es aus? Wie riecht es? Wie fühlt es sich an?

Zum Schluss legen wir gemeinsam einen Fantasie-Baum aus Rinde, Moos, Zweigen und Zapfen.

Währenddessen kann die Erzieherin leise Musik im Hintergrund laufen lassen.

Entspannungsübung: Wir werden zu Wurzeln (ab 3 Jahren)

Material:
Becken, Flöte oder Glockenspiel

Einstieg:
Die Kinder betrachten eine echte große Wurzel oder ein Bild von einer Wurzel.
Die Erzieherin fragt die Kinder: „Welche Eigenschaften haben Wurzeln?"
Mögliche Antworten:
• Sie geben dem Baum Halt. • Sie sind stark und fest. • Sie können dick oder dünn sein. • Sie wachsen tief in die Erde hinein oder verzweigen sich weit. • Sie geben dem Baum Wasser und Nährstoffe.

Spielmöglichkeit:
Die Erzieherin schlägt das Becken an und die Kinder legen sich mit dem Bauch auf den Boden. Sie werden zu Wurzeln, die in die Erde wachsen, sich dort immer weiter ausbreiten und festhalten. Dabei strecken sie ihre Arme und Beine weit aus und spreizen ihre Finger.
Die Erzieherin versucht nun, die Kinder nacheinander an der Hüfte hochzuheben. Die Kinder machen sich dabei ganz schwer, als ob sie in der Erde verwurzelt wären.
Die Erzieherin erzählt: „Die Wurzeln nehmen die Kraft aus der Erde in sich auf. Die Kraft der Erde strömt durch sie hindurch. Das Wasser und die Nährstoffe streben nach oben. Langsam beginnt aus der Wurzel ein neuer Trieb zu wachsen."

Die Erzieherin schlägt wieder das Becken an. Die Kinder lockern ihre Körperspannung, machen ihren Rücken rund und beginnen zu wachsen. Die Erzieherin begleitet das Wachsen mit einer ruhigen, langsamen Melodie auf der Flöte oder dem Glockenspiel.

Spürt ihr den Wind? (ab 3 Jahren)

Material:
1 Trommel

Spielmöglichkeit:
Alle Kinder gehen in den Bewegungsraum. Die Erzieherin spielt den Wind auf der Trommel und spricht den Text des Gedichts:

Spürt ihr den Wind? – *hui ...* hört, wie er klingt! – *hui ...*	*Die Kinder machen ein pfeifendes Geräusch mit dem Mund.*
Er will mit euch tanzen, ihr Blätter, schaut her, der Wind, er schüttelt die Bäume gar sehr.	
Tanzt mit dem Wind, mal wild und mal sacht – dann schwebt ihr zur Erde, der Wind schweigt und lacht – *hui ...*	*Die Kinder machen wieder ein pfeifendes Geräusch und werden dabei immer leiser.*

Die Kinder spielen die Blätter und bewegen sich zu dem Gedicht. Dabei pfeifen sie das Windgeräusch. Am Schluss bleiben die Kinder (Blätter) auf dem Boden liegen, bis die Erzieherin ein Signal zum Aufstehen gibt.

Hasen-Hüpf-Spiel (ab 4 Jahren)

2. Hopp, hopp, ho, zwei (vier, acht) Hasen hüpfen froh.
Rechts und links und kreuz und quer,
das fällt den Hasen gar nicht schwer.
Hopp, hopp, ho, zwei (vier, acht) Hasen hüpfen froh.

Doch ganz schnell ist der Fuchs zur Stell. *(gesprochen)*

Spielmöglichkeit:

1. Ein Kind spielt den Fuchs und versteckt sich unter seinem Stuhl (Fuchsbau).

2. Ein zweites Kind spielt den Hasen. Es macht mit den Händen Hasenohren und hüpft, während alle singen, kreuz und quer im Kreis herum. Am Ende des Liedes bleibt es vor einem Kind im Kreis stehen, welches nun auch zum Hasen wird.

3. Hüpfen acht Hasen im Kreis herum, kommt der Fuchs. Der Text wird von allen Kindern, die noch im Kreis sitzen, gemeinsam gesprochen. Dazu patschen sie im Sprechrhythmus mit den Händen auf die Oberschenkel. Der Fuchs versucht, einen Hasen zu fangen. Die Hasen dürfen nicht wegrennen, sie müssen hüpfen.

Kommt der liebe Herbst ins Land (ab 4 Jahren)

Spielmöglichkeit:
Die Kinder sitzen im Stuhlkreis. Dieser sollte so groß sein, dass sich alle Kinder darin bewegen können. Wenn das nicht möglich ist, bewegt sich nur die Hälfte der Kinder, die andere Hälfte spricht das Gedicht.

Kommt der liebe Herbst ins Land, reicht mir seine starke Hand.	*Die Kinder sitzen auf ihren Stühlen und strecken die rechte Hand nach vorne.*
Legt sie an die Bäume an, rüttelt ganz gewaltig dran.	*Beide Hände greifen ineinander, legen sich imaginär um einen Baumstamm und schütteln diesen.*
Alle Bäumchen schütteln sich, sind darüber ärgerlich.	*Die Kinder schütteln sich selbst im Sitzen. (Oberkörper und Schultern)*
Der Wind singt uns ein Liedchen vor, alle Blättlein spitzen's Ohr.	*Die Kinder pfeifen. Sie legen eine Hand an ein Ohr.*
Sitzen jetzt nicht länger still, weil der liebe Herbst es will.	*Die Kinder stehen von ihrem Stuhl auf und gehen in der Kreismitte umher (jeder seinen eigenen Weg).*
Drehen sich vom Aste fort, tanzen schnell von Ort zu Ort.	*Die Kinder drehen sich und tanzen.*
Fallen dann zur Erde nieder; Herbst singt weiter seine Lieder.	*Die Kinder „fallen" langsam zur Erde nieder und bleiben dort liegen, bis das Gedicht zu Ende ist.*

Tanz der Waldelfen (ab 3 Jahren)

Musik: „Elfenreigen" auf der CD „Hallo, tanz mit mir! 14 Kindertänze und einfache Tänze für Erwachsene" von Lilo Sebastian (Autorin) und Hans D. Schotsch (Herausgeber); 6/8 Takt

Material: 2 Chiffontücher für jedes Kind, Fingerzimbeln oder Triangel

Vorbereitung: Jede Elfe sucht sich zwei Chiffontücher aus. Die Kinder können die Chiffontücher in den Händen halten oder sich am Handgelenk festbinden lassen.
Bevor die Kinder zu tanzen beginnen, führt die Erzieherin ein Gespräch über die tanzenden Elfen des Waldes. Die Kinder überlegen: Wie sehen Waldelfen aus? Wie bewegen sie sich?

Spielmöglichkeit:
Die Elfen liegen verteilt im Raum auf dem Boden und schlafen. Beginnt die Musik, wachen sie auf und beginnen, sich langsam zu bewegen.
Zuerst schwingen die Waldelfen ihre Tücher im Sitzen, dann stehen sie langsam auf und bewegen sich durch den ganzen Raum mit ruhigen, schwingenden Bewegungen.
Auf ein akustisches Signal (z. B. mit Fingerzimbeln oder einer Triangel) kommen alle Elfen zu einem Kreis zusammen. Abwechselnd gehen einzelne Elfen auf ein Zeichen der Erzieherin hin in die Mitte des Kreises und machen mit ihren Tüchern eine Bewegung vor, die die anderen Elfen imitieren.

Die Erzieherin greift die Ideen der Kinder auf und entwickelt daraus mit ihnen eine Tanzabfolge. Dabei können sich vorgegebene und freie Bewegungsteile abwechseln.

Tanz mit den Tannenbaum-Laternen (ab 4 Jahren)

Musik:
„Besentanz“ auf der CD „Hallo, tanz mit mir! 14 Kindertänze und einfache Tänze für Erwachsene“ von Lilo Sebastian (Autorin) und Hans D. Schotsch (Herausgeber). Die Musik (3/4 Takt) eignet sich gut zum langsamen Gehen und Wiegen.

Material:
Tannenbaum-Laternen (Bastelanleitung s. S. 26); Kreppklebeband oder Kreide

Vorbereitung:
Mit dem Kreppklebeband oder der Kreide wird ein Kreis markiert.

Spielmöglichkeit:
Jedes Kind hält eine Tannenbaum-Laterne in den Händen. Die Kinder stellen sich im Kreis auf.

Die nachfolgenden Bewegungsvorschläge können in beliebiger Reihenfolge getanzt und wiederholt werden. Das Gehen auf der Kreislinie kann dabei mehrfach vorkommen.
Der Tanz kann auch in Form eines Rondos aufgebaut werden, wie zum Beispiel:
A – B – A – C – A – D – A –E – A

- A: langsames Gehen hintereinander in Tanzrichtung; dann Richtungswechsel
- B: drehen am Platz um sich selbst
- C: zur Kreismitte und zurückgehen; in der Mitte die Laterne nach oben führen
- D: am Platz von einem auf das andere Bein wiegen; die Laterne mitbewegen
- E: nach außen drehen, langsam in die Hocke gehen und wieder aufstehen
- F: Im Stehen mit der Laterne einen großen Kreis vor dem Körper beschreiben.
- G: Laterne im Stehen nach oben über den Kopf und wieder zurückführen.

Hinweis:
Am einfachsten lernen die Kinder die Bewegungen, wenn die Erzieherin mittanzt.
Die einzelnen Tanzteile sollten möglichst gleichlange Zeiteinheiten dauern (z. B. 2 x 8 Zeiteinheiten).

Der Regenwurm Karl-Theodor (ab 2 Jahren)

Der Regenwurm Karl-Theodor, der kriecht aus seinem Loch hervor. Er kriecht mal hier, er kriecht mal dort, und plötzlich ist er wieder fort.	*Die linke Hand bildet eine offene Faust (Loch).* *Der rechte Zeigefinger ist der Wurm, der im Loch steckt.* *Der Wurm kommt heraus, kriecht den Arm herauf und herunter und verschwindet wieder im Loch.*
Mit einem Mal, merkst du es auch, kriecht Theodor auf deinen Bauch. Und eh du dich versehen hast, nimmt er auf deiner Nase Platz. Hatschi, hatschi!	*Der Wurm kriecht zum Bauch und dann zur Nase.* *niesen*
Jetzt rutscht er runter auf dein Knie, und zu den Füßen irgendwie. Er klettert langsam wieder rauf, jetzt sitzt er wieder auf dem Bauch. Karl-Theodor ist müde nun, geht in sein Loch, sich auszuruhn.	*Der Wurm kriecht bis zum Knie und weiter hinunter zu den Füßen.* *Er klettert wieder hoch bis zum Bauch und …* *… verschwindet dann wieder in seinem Loch (linke Faust).*

Verfasser unbekannt; Text verändert von Ingrid Späth

Spielmöglichkeit: Kriechen wie ein Regenwurm

Die Erzieherin bespricht mit den Kindern, wie sich Regenwürmer bewegen: Sie ziehen ihren Körper zusammen, dehnen sich dann wieder aus und schieben sich so vorwärts.

Die Kinder legen sich mit dem Bauch auf den Boden und versuchen, die Bewegung des Regenwurms nachzumachen. Sie ziehen die Beine unter den Bauch, strecken sie dann wieder aus und schieben sich dabei vorwärts. Können sie sich so auch rückwärts bewegen?

Variante:
Die gleiche Fortbewegung kann auch seitlich ausprobiert werden, indem sich die Kinder auf eine Körperseite legen. Die Hände sollen dabei nicht zu Hilfe genommen werden.

Erfahrungen mit dem Igelball (1) (ab 3 Jahren)

Material:
für jedes Kind einen Noppenball, eine Wolldecke und ein Chiffontuch (in Braun, Rot, Gelb oder Orange), Trommel oder Flöte, Korb

Spielmöglichkeit:

1. Wir setzen uns in einer Ecke des Raumes im Kreis auf unsere Decken. Die Erzieherin gibt das folgende Rätsel auf:

   Sitzt ein Tier dort unterm Baum, ganz versteckt, man sieht es kaum;
   sieht wie eine Kugel aus, streckt ganz viele Stacheln raus.

   Wer die Lösung weiß, meldet sich.

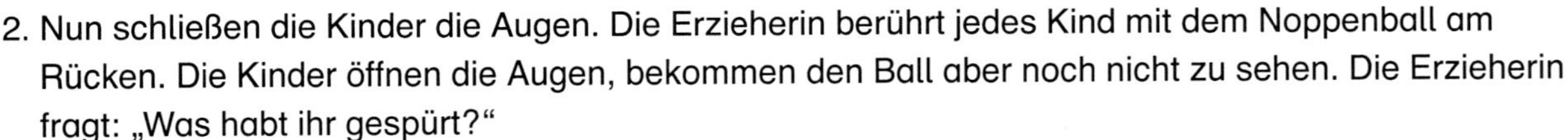

2. Nun schließen die Kinder die Augen. Die Erzieherin berührt jedes Kind mit dem Noppenball am Rücken. Die Kinder öffnen die Augen, bekommen den Ball aber noch nicht zu sehen. Die Erzieherin fragt: „Was habt ihr gespürt?"

3. Anschließend zeigt die Erzieherin den Kindern den Noppenball. „Woran erinnert euch dieser Ball?" (Antwort: „Igel"). Die Kinder erzählen, was sie alles über Igel wissen.

4. Nun rollt die Erzieherin jedem Kind einen „Igelball" zu. Anschließend dürfen die Kinder mit dem Igelball frei im Raum spielen.

5. Jedes Kind sucht sich einen Platz im Raum und setzt sich auf den Boden. Wir rollen den Igelball im Sitzen zwischen den Beinen hin und her, um uns herum, auf den Beinen, die Arme entlang etc.

6. Nun läuft unser „Igel" davon und wir kriechen auf allen vieren hinterher und fangen ihn wieder ein.

7. Die Erzieherin ruft: „Alle Kinder kommen in den Kreis". In der Mitte des Kreises liegen die Chiffontücher. Ein Kind, das von der Erzieherin mit dem Igelball berührt wird, holt sich ein Tuch aus der Mitte und setzt sich dann wieder auf seinen Platz. Dies wird so oft wiederholt, bis jedes Kind ein Chiffontuch hat.

8. Jedes Kind nimmt sein Tuch und seinen Igelball und sucht sich einen Platz („Nest") im Zimmer. Dann legen die Kinder den Igelball auf das Tuch und bewegen sich zur Trommel oder Flöte (gehen, hüpfen, laufen), die von der Erzieherin gespielt wird, im Raum. Ist die Trommel still, geht jedes Kind zu seinem Tuch zurück.

9. Partnerübung: Immer zwei Kinder gehen zusammen und überlegen sich gemeinsame Übungen mit den Igelbällen und Tüchern.

10. Die Partner bleiben zusammen. Die Tücher liegen als Blätterhaufen verteilt im Raum. Ein Kind spielt einen Igel (ohne Ball) und bewegt sich auf allen vieren durch den Raum. Das zweite Kind ist ein Feind und verfolgt den Igel (mit dem Ball). Wenn der Igel von dem Ball berührt wird, macht er sich ganz klein (rollt sich als Kugel zusammen). Spürt er den Igelball nicht mehr, bewegt er sich wieder weiter. Auf ein akustisches Signal hin werden die Rollen getauscht.

BVK • Ingrid Späth: Kita aktiv „Projektmappe Wald"

Erfahrungen mit dem Igelball (2) (ab 3 Jahren)

11. Die Igel wollen nun Winterschlaf halten. Jedes Kind nimmt sein Tuch und seinen Igelball und baut seinem „Igel“ ein „Nest“. Die Erzieherin spielt „schleichen“ auf der Trommel (mit der Hand über das Fell streichen). Die Kinder schleichen um die schlafenden Igel herum, um sie nicht aufzuwecken.

12. Die Chiffontücher werden aufgeräumt. Die Kinder setzen sich in den Kreis auf ihre Decken. Die Erzieherin singt das folgende Lied vor:

Spiellied: Viele kleine Igel (Melodie: Alle meine Entchen; Text: © Ingrid Späth)

1. Viele kleine Igel
laufen durch den Wald, laufen durch den Wald,
/: kuscheln eng zusammen, denn jetzt wird es kalt. :/

Alle Kinder laufen als Igel durch den Raum. Beim zweiten Teil der Strophe, die wiederholt wird, kuscheln sich immer mehrere Kinder (Igel) eng zusammen.

2. Viele kleine Igel
suchen ein Versteck, suchen ein Versteck,
/ : kriechen durch die Büsche, plötzlich sind sie weg. :/

Die „Igel“ kriechen wieder alleine im Raum umher. Beim zweiten Teil der Strophe versteckt sich jeder Igel unter seiner Decke (Blätterhaufen).
Auf ein akustisches Signal hin kommen alle Igel aus ihrem Versteck heraus und gehen zur Erzieherin.

13. Partnerübung: Immer zwei Kinder nehmen zusammen eine Decke. Die Decken werden ausgebreitet. Ein Partner legt sich bequem auf die Decke und schließt die Augen. Das andere Kind „wandert“ mit dem Igelball auf dem Körper des liegenden Kindes entlang. Dieses gibt Rückmeldung, wenn ihm der Druck der Massage zu stark oder zu schwach ist. Nach einiger Zeit wechseln die Kinder die Rollen.

14. Alle kommen mit ihrer Decke und ihrem Igelball zurück in den Kreis. In der Kreismitte steht ein Korb. Der Reihe nach versucht jedes Kind, seinen Igelball im Sitzen in den Korb zu werfen, bis alle Bälle im Korb sind.

15. Zum Abschluss bilden wir einen Kreis um den Korb und singen zum Lied eine weitere Strophe:

3. Viele kleine Igel
wollen Freunde sein, wollen Freunde sein.
/: Wir reichen uns die Hände und keiner ist allein. :/

„Tiere im Wald" – Bewegungsstunde mit Musik (1) (ab 3 Jahren)

Musik:
Stücke „Waldtiere" von der CD „Tiermusiken" von Robby Schmitz

Material:
Matten, Kästen, Decken, Schaumstoffbauteile, Bänke, CD-Player , Trommel

Vorbereitung:
Im Bewegungsraum werden verschiedene Materialien zum Bauen von Höhlen und Verstecken bereitgestellt (Matten, Kästen, Decken, Schaumstoffbauteile, Bänke etc.), ebenso wie der CD-Player und die CD „Tiermusiken" sowie eine Trommel für die Erzieherin.

Die Tiere bewegen sich folgendermaßen (Rhythmen auf der Trommel spielen):

- Maus: laufen
- Hase: hüpfen
- Fuchs: schleichen
- Vogel: fliegen (schweben)
- Reh: gehen

Einstimmung:
mit dem Spiellied: „Wir gehen durch den großen Wald" (s. S. 19)

Hauptteil:
Die Erzieherin verwandelt die Kinder mit einem Zauberspruch in Mäuse:

„Hokuspokus Spinnenbein, ihr sollt jetzt alle **Mäuse** sein."

Nun spielt die Erzieherin **„laufen"** auf der Trommel, die Kinder (Mäuse) bewegen sich dazu frei im Raum (entweder auf Händen und Knien oder auf beiden Beinen). Ist die Trommel still, kommen alle Mäuse zur Erzieherin. Sie erklärt den Kindern: „Ihr hört jetzt eine Mäusemusik und lauft dazu im Raum herum. Stoppt die Musik, sucht sich jede Maus ein beliebiges Versteck. Läuft die Musik weiter, bewegen sich wieder alle Mäuse im Raum."

Das Mäusestück auf der CD wird abgespielt und mehrmals mit der Pause-Taste unterbrochen. Am Schluss des Stückes kommen alle Mäuse zur Erzieherin.

Nun werden die Kinder wieder verzaubert:

„Hokuspokus Spinnenbein, ihr sollt jetzt alle **Hasen** sein."

Die Erzieherin spielt **„hüpfen"** auf der Trommel und die Hasen (mit den Fingern als „Ohren") hüpfen frei im Raum herum. Anschließend bauen alle Kinder gemeinsam mit der Erzieherin ein Versteck für die Hasen (mit den bereitgestellten Materialien).

Alle Hasen sitzen gemeinsam im Hasenversteck. Macht die Erzieherin die Hasenmusik an, kommen die Hasen heraus und hüpfen im Raum herum. Stoppt die Musik, hoppeln die Hasen zurück in ihr Versteck (auch hier mehrere Pausen machen).

„Tiere im Wald“ – Bewegungsstunde mit Musik (2) (ab 3 Jahren)

Nun werden die Kinder in **Füchse** verwandelt: „Hokuspokus ...“

Die Erzieherin spielt **„schleichen“** auf der Trommel, dann bauen die Kinder eine Fuchshöhle und die Fuchsmusik wird gespielt.

Anschließend werden die Kinder in **Vögel** verwandelt: „Hokuspokus ...“

Die Erzieherin spielt im ¾ Takt auf der Trommel und die Vögel **fliegen (schweben)** durch den Raum.
Die Vogelmusik erklingt, und in den Pausen fliegt jeder Vogel auf einen Baum (Bank, Stuhl, Kasten etc.).

Als Letztes werden die Kinder in **Rehe** verwandelt und die Erzieherin spielt **„gehen“** auf der Trommel.
Die Rehe bewegen sich zur Rehmusik. In den Pausen setzen sich die Rehe auf einer Waldlichtung auf den Boden und ruhen sich aus oder fressen.

Alle Rehe werden wieder in Kinder zurückverwandelt.

Die Kinder werden jetzt in **fünf Tiergruppen** eingeteilt, zum Beispiel durch einen Auszählvers oder durch Kärtchenziehen.
Je nach Anzahl der Kinder gibt es Vater- und Muttertiere oder auch noch Tierkinder. Die einzelnen Tierfamilien gehen in ihren Bau bzw. ihr Versteck, auf die „Bäume“ oder die Waldlichtung.
Hören die Tiere „ihre“ Musik, bewegen sie sich im Raum, stoppt die Musik, gehen sie wieder zurück in ihr Versteck.
Die Erzieherin lässt dabei immer nur einen Teil der verschiedenen Musikstücke laufen.

Schluss-Spiel: Mäuse und Füchse

Die Kinder werden in zwei gleichgroße Gruppen eingeteilt. In einem Versteck sitzen die Mäuse, in einem anderen die Füchse. Zuerst kommt die Mäusemusik: Die Mäuse kommen aus ihrem Versteck und laufen durch den Raum.
Endet die Musik, bleiben sie im Raum verteilt sitzen.
Beginnt die Fuchsmusik, kommen die Füchse aus ihrem Bau und versuchen, die Mäuse zu fangen. Die Mäuse dürfen nicht zurück in ihr Versteck. Die Füchse helfen sich gegenseitig, bis alle Mäuse gefangen sind.
Auf Wunsch der Kinder können die Gruppen anschließend gewechselt werden.

Ameisenspiel: „Das, was ich allein nicht schaffe, schaffen wir vereint!“ (ab 5 Jahren)

Material:
1 Tennisring, mehrere Rhythmikseile, 1 Reifen oder 1 Matte, dünner abgesägter Baumstamm, dicker Ast oder Holzpflock, weitere Materialien, die mit Hilfe des Tennisrings und der Seile gut transportiert werden können, wie zum Beispiel ein Ball, ein zweiter Tennisring, ein Schuhkarton, kleine Aststücke etc.

Vorbereitung:
An einen Tennisring werden rundum vier bis sechs Rhythmikseile gebunden (je nach Anzahl der mitspielenden Kinder). Die Seile werden in der Mitte am Tennisring verknotet, sodass sich an jedem Seilende ein Kind festhalten kann (d. h., pro Seil zwei Kinder, sonst ist das Seil zu lang). Gibt es eine ungerade Kinderzahl, spielt die Erzieherin mit oder ein Kind hält zwei Seilenden fest.
In die Mitte des Raums wird ein dünner abgesägter Baumstamm, ein dicker Ast oder ein Holzpflock gestellt. Sein Durchmesser sollte so klein sein, dass man den Tennisring darüberstülpen kann. Er sollte außerdem gut stehenbleiben.
In einer Ecke des Raumes wird ein Ameisenhaufen durch einen Reifen oder eine Matte gekennzeichnet.

Spielmöglichkeit:

1. Die Kinder werden zu Ameisen und müssen nun gemeinsam eine Aufgabe lösen. Jede Ameise nimmt das Ende eines Seils in die Hand, bis alle Seile gespannt sind und der Tennisring sich vom Boden hebt. Nun sollen die Ameisen versuchen, ohne zu sprechen, das Loch des Tennisrings über den Holzpflock (bzw. Ast oder Baumstamm) zu bringen und den Tennisring wieder auf den Boden zu legen.
   Fällt der Holzpflock um, stellt ihn die Erzieherin wieder auf und die Ameisen müssen noch einmal von vorne beginnen.

2. Haben die Ameisen diese Aufgabe bewältigt, soll der Holzpflock zum Ameisenhaufen transportiert werden. Die Kinder überlegen gemeinsam, wie dies zu schaffen ist. (Z. B. können sie ihn mit dem Tennisring zum Rollen bringen oder ihn auf den Tennisring legen und zum Ameisenhaufen tragen.)

3. Wurde diese Aufgabe erfüllt, sollen nun noch weitere Gegenstände mit Hilfe des Tennisrings und den Seilen zum Ameisenhaufen transportiert werden (z. B. ein Ball, ein zweiter Tennisring, ein Schuhkarton, noch andere Aststücke etc.).

Ziel:
Die Kinder sollen gemeinsam als Gruppe eine Aufgabe lösen. Dies gelingt nur, wenn alle zusammenarbeiten. Noch schwieriger wird es, wenn die Kinder während der ganzen Aufgabe nicht reden sollen.

Zapfenlauf (ab 4 Jahren)

Material:
1 Stock (30 – 40 cm lang) pro Kind, große Zapfen (halb so viele wie Kinder; am besten Fichtenzapfen), 1 Seil, 2 Körbe

Vorbereitung:
Die Startlinie wird mit einem Seil markiert. In einiger Entfernung werden zwei Körbe nebeneinandergestellt.

Spielmöglichkeit:
Die Kinder bilden Paare. Jedes Paar erhält zwei Stöcke und einen großen Zapfen.
Die Kinder haben die Aufgabe, gemeinsam den Zapfen mit ihren beiden Stöcken zum Ziel (Korb) zu transportieren. Hierzu wird der Zapfen quer auf die beiden Stöcke gelegt. Jeder Stock wird von einem Kind gehalten.
Immer zwei Paare treten gegeneinander an. Welches Paar erreicht zuerst das Ziel?
Verliert ein Paar den Zapfen, muss es zurück zur Startlinie gehen und noch einmal von vorne beginnen.

Varianten:
Auf dem Weg können auch Hindernisse aufgebaut werden, um die Schwierigkeit zu erhöhen.
Der Zapfenlauf kann auch als Staffelspiel in zwei Gruppen gespielt werden.
Dabei gehen die Paare um den Korb herum zur Startlinie zurück und übergeben dort ihre Stöcke und den Zapfen an das nächste Paar ihrer Gruppe.

Wir legen ein Freundschaftsherz (ab 3 Jahren)

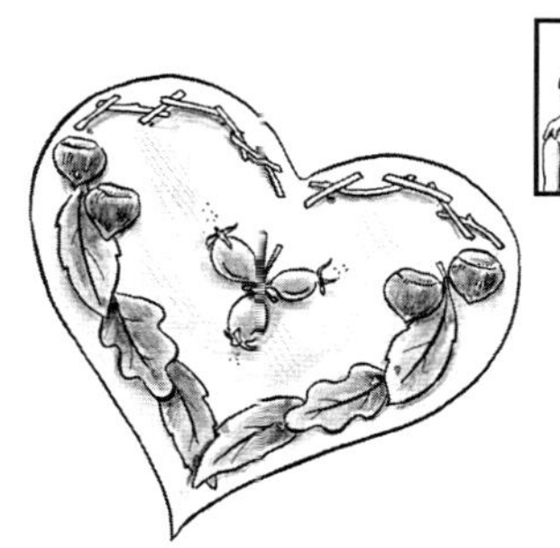

Material:
Karton in unterschiedlichen Farben, 1 Schere, halb so viele Körbchen wie Kinder, Naturmaterialien (Nüsse, Zapfen, Eicheln, Blätter, Rinde, Steine, kleine Stöcke, Hagebutten, Bucheckern etc.), Tisch, CD-Player, ruhige Musik, 1 Fotoapparat

Vorbereitungen:
Die Erzieherin schneidet aus dem Karton Herzen in unterschiedlichen Formen und Farben aus
Auf den Tisch werden die Körbchen mit den verschiedenen Naturmaterialien (Nüsse, Zapfen, Eicheln, Blätter, Rinde, Steine, kleine Stöcke, Hagebutten, Bucheckern etc.) gestellt. In jedem Körbchen sollten nicht mehr als drei verschiedene Naturmaterialien sein.

Spielmöglichkeit:
1. Die Kinder suchen sich einen Freund oder Freundin aus. Jedes Paar nimmt sich ein Herz. Die Erzieherin erklärt die Aufgabe: Die Paare dürfen gemeinsam mit den Naturmaterialien das ausgeschnittene Herz ausgestalten bzw. belegen.
2. Jedes Paar entscheidet sich für ein Körbchen mit Naturmaterialien.
3. Die Paare suchen sich mit ihrem Herz und dem Material einen Platz im Raum.
4. Sind alle leise, stellt die Erzieherin ruhige Musik an und die Kinder beginnen gemeinsam mit dem Legen. Die Paare sollen dabei möglichst wenig sprechen oder sich nur leise unterhalten, um die anderen nicht zu stören.
6. Am Ende macht die Erzieherin von den Kindern und ihren Freundschaftsherzen Fotos.

Fledermaus und Motte (ab 4 Jahren, für 8 – 12 Kinder)

Material:
1 Augenbinde für die Fledermaus, 1 leises Instrument für das führende Partnerkind (Motte) (z. B. Klanghölzer, Fingerzimbeln, Rassel), 1 Triangel

Spielmöglichkeit:
Wir gehen zusammen in den Bewegungsraum oder Hof.
Ein Kind spielt die Fledermaus, ihm werden die Augen verbunden. Ein zweites Kind (Motte) läuft vor ihr weg. Sie spielt ein leises Instrument. Die Fledermaus fliegt durch den Wald und folgt den Tönen (Geräuschen) seines führenden Partnerkindes (Motte).
Einige Kinder spielen (gleichmäßig verteilt) die Bäume im Wald. Kommt ihnen die Fledermaus zu nahe, geben sie ein Geräusch von sich.
Hat die Fledermaus nach der festgelegten Zeit (z. B. zwei Minuten) die Motte nicht gefangen, gibt die Erzieherin ein akustisches Zeichen (z. B. mit einer Triangel), dass die Rollen nun getauscht werden.

Hinweis:
Je mehr „Bäume“ im Wald stehen, umso schwieriger wird die Aufgabe.

Variante für jüngere Kinder:
Die „Bäume“ stehen nicht verteilt im Raum, sondern in einem Kreis. (So wird es für die Fledermaus einfacher.)

Gefangen im Spinnennetz (ab 4 Jahren)

Material:
1 Wollknäuel

Spielmöglichkeit:
1. Ein Kind ist die Spinne, ein zweites spielt die Fliege. Die übrigen Kinder sitzen in einem Kreis auf dem Boden. Sie spannen mit dem Wollknäuel in Kniehöhe ein Spinnennetz zwischen sich. Die Fäden müssen gut gespannt sein und das Netz sollte so wenig wie möglich bewegt werden.
2. Die Spinne stellt sich nun in die Mitte des Spinnennetzes. Die Fliege klettert kreuz und quer durch das Spinnennetz und darf die Spinnfäden nicht berühren. Sie wird dabei von der Spinne genau beobachtet.
3. Sieht die Spinne, dass ihr Netz berührt wird, ruft sie „Stopp!“ und die Fliege ist gefangen. Spinne und Fliege suchen dann zwei andere Kinder aus, die ihre Rollen übernehmen und setzen sich auf deren Plätze.
4. Schafft die Fliege es, länger als zwei Minuten durch das Spinnennetz zu klettern, ohne die Fäden zu berühren, beendet die Erzieherin die Runde mit dem Reim: „Eins, zwei, drei, die Runde ist vorbei.“